O GÊNIO DA ZARA

Covadonga O'Shea

O GÊNIO DA ZARA

A história de Amancio Ortega, o ícone da *fast fashion*

Tradução

Leonardo Castilhone

Copyright © 2008 Covadonga O'Shea

Copyright da tradução © 2014 Editora Pensamento-Cultrix Ltda.

Texto de acordo com as novas regras ortográficas da língua portuguesa.

1ª edição 2014.

Todos os direitos reservados. Nenhuma parte deste livro pode ser reproduzida ou usada de qualquer forma ou por qualquer meio, eletrônico ou mecânico, inclusive fotocópias, gravações ou sistema de armazenamento em banco de dados, sem permissão por escrito, exceto nos casos de trechos curtos citados em resenhas críticas ou artigos de revistas.

Coordenação editorial: Manoel Lauand

Capa e projeto gráfico: Gabriela Guenther

Editoração eletrônica: Estúdio Sambaqui

CIP-BRASIL. CATALOGAÇÃO NA PUBLICAÇÃO
SINDICATO NACIONAL DOS EDITORES DE LIVROS, RJ

O91g

O'Shea, Covadonga

O gênio da Zara : a história de Amancio Ortega, o ícone da fast fashion / Covadonga O'Shea ; tradução Leonardo Castilhone. - 1. ed. - São Paulo : Seoman, 2014.

176 p. : il. ; 23 cm.

Tradução de: The Man from Zara: the story of the genius behind the Inditex Group

ISBN 978-85-98903-91-0

1. Ortega, Amancio, 1936-. 2. Homens estilistas - Espanha - Biografia. 2. Estilistas (Moda) - Espanha - Biografia. I. Título.

14-12672

CDD: 920.71

CDU: 929-055.1

Seoman é um selo editorial da Pensamento-Cultrix.

EDITORA PENSAMENTO-CULTRIX LTDA.
R. Dr. Mário Vicente, 368 – 04270-000 – São Paulo, SP
Fone: (11) 2066-9000 – Fax: (11) 2066-9008
E-mail: atendimento@editoraseoman.com.br
http://www.editoraseoman.com.br
que se reserva a propriedade literária desta tradução.
Foi feito o depósito legal.

ÍNDICE

PREFÁCIO 9

AGRADECIMENTOS 11

INTRODUÇÃO 13

1 MEU ENCONTRO COM AMANCIO ORTEGA...................17
"Pode me chamar de Ortega e deixe de cerimônia" 17
1º de dezembro de 1990 22
O fim da visita 29

2 PRIMEIROS PASSOS DE UMA HISTÓRIA 31
Recordando seus pais 31
Remontando às raízes 37

3 ZARA: UMA NOVA CULTURA DA MODA ASSUME SEU LU-
GAR NO SÉCULO XXI.......................................42
"Mesmo quando eu era um ninguém, costumava sonhar em ex-
pandir a empresa" 42
"Tudo é da Zara, minha loja favorita" 44
"Ser um homem de negócios só para ficar rico é perda de
tempo"... 47
Quando a expansão se transforma numa explosão 54
A chave para o sucesso de uma empresa inovadora 57

4 ORTEGA SEMPRE BUSCOU EXCELÊNCIA 60
"Procuro fazer o que os clientes querem" 61
José María Castellano: "O que Ortega fez jamais poderá ser
repetido".. 63
"Amancio é um bom homem de negócios" 71
Um gênio com a mentalidade de um vendedor.................... 75

5 INDITEX – EXPANSÃO INTERNACIONAL **77**

Paris, 1990 77
Nova York, 1989 79
De olho na Ásia 80
Introduzindo a empresa na Bolsa: antes e depois 84
A melhor propaganda 87

6 O CLIENTE É O REI **89**

"O dinheiro deve ser colocado nas lojas" 89
"É preciso dar às mulheres o que elas querem" 89
As lojas de Amancio nunca estão vazias 93
Roupas de boa qualidade? 99
Uma empresa cada vez maior 100
Zara Home 102

7 UM PROJETO ÉTICO FEITO SOB MEDIDA **104**

Ortega e seu comprometimento com uma ação solidária.... 105
O sucesso de uma empresa com alma 113
"É preciso gostar das pessoas que trabalham conosco – é uma obrigação!" 115
"Sr. Ortega" 117

8 COMO AMANCIO VÊ SUA EMPRESA E SUA VIDA **119**

Um longo almoço com o presidente da Inditex 119
O que a Zara significa para Ortega? 124
Um fim de semana em Roma 125
Do vilarejo em León para o mundo 128
O Paço de Anceis 130

9 A FORÇA MOTRIZ **134**

"Ninguém veio a este mundo por acaso" 134
"Pablo Isla é um homem que não se importa em arregaçar as mangas" 137
Beatriz Padín: a nova direção da Zara Woman 139

10 TODOS TEMOS UM LADO BOM E UM LADO RUIM.......147
Um novo tipo de empresa para um novo tipo de mulher 149
E nasce a Uterqüe 150
Um homem de mente aberta.. 151
"Ideias podem surgir em qualquer lugar" 152

11 INDITEX – O PRESENTE E O FUTURO 157

12 INDITEX: UM MODELO EMPRESARIAL 166
O processo de integração... 168

POSFÁCIO 174

PREFÁCIO

Covadonga O'Shea entrou em meu escritório na Escola de Moda da Parsons, em Nova York, exalando estilo e uma inteligência feroz. Chique, elegante e sofisticada. Naquela hora ficou claro que essa era uma mulher com a qual a Parsons gostaria de trabalhar. Desde então, encontramo-nos muitas vezes, inclusive quando ela me convidou para dar uma palestra na ISEM, o curso de MBA que ela dirige em Madri. A cada ocasião, só cresce a minha admiração por ela e por sua perspectiva a respeito da gloriosa e global indústria da moda. Portanto, nada mais natural que o universo da Zara, até então recluso, tenha sido aberto para ela o relatar.

Muitos anos atrás, quando trabalhei como estilista em Londres, uma importante parada em nossas viagens de estudos à França era sempre a loja da Zara, perto da Ópera Garnier, em Paris. Precisávamos conferir como a Zara havia interpretado as principais tendências. Estávamos acostumados a ver ofertas de outras lojas para todas as estações, mas, de certa forma, a Zara sempre nos surpreendia. Colegas nossos que visitassem a loja algumas semanas depois veriam uma coleção completamente diferente. Ficávamos maravilhados com a velocidade com que as lojas mudavam.

Muita gente questionava as rápidas mudanças nas cores, nos moldes ou acabamentos de uma nova estação. Mas sem a natureza efêmera das tendências, fiscais de controle de qualidade na Índia, vendedores de lojas na Inglaterra, estilistas nos EUA, vitrinistas na Espanha, tricoteiras na Tailândia, costureiras no México e dezenas de milhões de outras pessoas que trabalham em áreas relacionadas à moda ao redor do mundo estariam desempregadas.

É claro que moda também tem tudo a ver com diversão. Desde um cliente que escolhe um fabuloso vestido de festa novo, até um estilista que cria um estonteante novo *look*, há uma necessidade social básica sendo preenchida – a necessidade de ficar bonito e se sentir bem.

Neste livro, Covadonga O'Shea aprofunda-se nas origens da Zara, em como a empresa evoluiu até se tornar essa protagonista global da moda que conhecemos hoje e, crucialmente, como ela ainda consegue reagir tão rapidamente às tendências do mundo todo. E, embora exista um debate necessário a respeito da sustentabilidade da *fast fashion* [moda rápida, transitória], também existe o fato de que graças a empresas como a Zara, milhões de pessoas que não podem arcar com uma roupa de alta-costura ainda podem ficar bonitas e se sentirem bem.

Há muito o que aprender com a história da Zara, e Covadonga O'Shea nos mostra uma perspectiva inteligente e bem informada sobre o assunto.

Simon Collins
Reitor da School of Fashion
Parsons the New School for Design
Nova York

AGRADECIMENTOS

Sou muito grata a várias pessoas por sua ajuda com a publicação deste livro.

Primeiro e mais importante, é claro, agradeço ao protagonista, o próprio Amancio Ortega, quem, durante vários anos, pouco a pouco, foi revelando detalhes ocultos de sua personalidade e de seu trabalho, e que, apesar de sua resistência, deu permissão para eu relatar as histórias que você irá ler.

Depois há uma longa lista de pessoas que trabalham ou trabalharam na Inditex, cujas opiniões e histórias ajudaram-me a retratar o homem e sua empresa com a maior precisão possível. Minha mais sincera gratidão a cada um deles. Seria impossível incluir todos aqui, mas garanto que nenhum nome sequer foi esquecido.

Meu muito obrigado, mais uma vez, para as secretárias Raquel, Maribel e Carmen que, com seus infinitos esforços e paciência, excedendo de longe suas atribuições, foram aliadas inestimáveis.

Muitos agradecimentos ao atual presidente da Inditex, Pablo Isla, que me ofereceu o máximo suporte e auxílio com o intuito de permitir que o mundo soubesse um pouco a respeito da pessoa que é Amancio Ortega, o fundador desta organização. Ele nunca deixou de me incentivar a continuar com este projeto, despendendo boa parte de seu tempo lendo incessantemente este documento para que eu, assim, pudesse desfrutar de paz de espírito, sabendo que tudo estava nos conformes.

Covadonga O'Shea

INTRODUÇÃO

Nunca havia me ocorrido escrever este livro até que, subitamente, num belo dia, percebi que não só queria escrever, como fui tomada por uma obsessão para me sentar ao computador e me dedicar a contar ao mundo sobre como o negócio de Amancio Ortega havia explodido de forma tão espetacular. Posso afirmar que tive sorte o bastante de aprender a respeito deste homem em todos os nossos encontros. Ele é apenas um ser humano, apesar de ter se tornado muito mais por causa de sua sinceridade absoluta. Devido à paixão de Amancio Ortega pelo anonimato, ele vem defendendo sua privacidade contra as tentativas alheias de destruí-la. Tornou-se completa e involuntariamente quase que uma figura mítica no mundo dos negócios e, ainda assim, indubitavelmente, fez história apesar de seu desejo em manter-se anônimo.

Incontáveis histórias foram contadas a respeito dele, todas sem qualquer fundamento, e sua verdadeira personalidade ainda é desconhecida. As escolas de negócios, que lideram os *rankings* internacionais para aqueles que aspiram a ser *experts*, examinam sua carreira e as de todos aqueles que falaram com ele somente uma vez, como se fossem velhos conhecidos. O máximo que podem se gabar de ter feito é ter apertado as mãos dele em um cumprimento.

Você não me verá fazendo declarações absurdas aqui, como, por exemplo, que sou uma das amigas ou colegas do círculo interno de Amancio, ou que converso com ele diariamente; mas me considero privilegiada, pois desde o início de nossa relação passamos um bom tempo juntos. Tive a oportunidade de falar com ele sobre qualquer coisa, como se fosse um intercâmbio de opiniões entre dois profissionais que são apaixonados por aquilo que fazem. Ele já era um inovador em seu campo, a caminho de lograr o maior sucesso empresarial do século XX no ramo da moda. Eu, liderando a revista *Telva*, uma pioneira no mundo das publicações femininas em âmbito nacional, também podia alegar ter conquistado um mercado que estava sendo preenchido por competidores ávidos por controlar o produto nacional.

Será que estávamos unidos por uma visão em comum a respeito do futuro e quase que com uma fé cega sobre o que estava em nossas mãos? Deixando de lado todas as nossas diferenças, não tenho a menor dúvida de que algo nesse sentido colaborou para a confiança inicial, que já dura um quarto de século.

Conheci Amancio Ortega no dia 1º de dezembro de 1990, quando fui convidada para visitar a Inditex (Indústrias de Design Têxtil), uma imensa fábrica têxtil localizada nos arredores de La Coruña, uma província no noroeste da Espanha. Naquela época, a alcunha daquela pequena zona industrial para lá de Finisterra, chamada Arteixo (os arredores de La Coruña), era pouquíssimo conhecida. Hoje em dia, fala-se dela nos cinco continentes. Quando lá cheguei, como aconteceu em todas as minhas visitas, um carro estava à minha espera no aeroporto. Fui então levada para o "quartel-general" da Zara, próximo ao magnífico edifício que foi construído anos mais tarde, na mesma zona de Sabón. Minha intenção era bater um papo com o fundador de uma indústria têxtil que estava começando a atrair bastante atenção, e aproveitei a oportunidade para dar uma olhada nas instalações.

Nunca pensei que aquele encontro se tornaria o ponto de partida do que decidi fazer: comunicar que por trás daquelas quatro letras, Zara, existe uma empresa extraordinária, a Inditex. A companhia lidera um negócio de varejo global e é a número um dentre as empresas espanholas, de acordo com o relatório da Merco 2008 (o monitor empresarial de *ranking* corporativo). Esse é um modelo de negócios que revolucionou o complexo e excitante mundo da moda. Devido aos incansáveis esforços de Amancio Ortega e das centenas de indivíduos ao seu lado no decorrer de todos esses anos, um grande salto adiante foi dado desde o século XX até o século XXI no setor de vestuário feminino.

Em muitas ocasiões, ouvindo Amancio ou as pessoas ao seu redor, eu, pessoalmente, testemunhei como esse negócio funciona, e entendi o mecanismo que age nos bastidores das notícias que lemos na mídia – como Amancio conquistou sua fortuna pessoal; os milhões e milhões de quilômetros de matérias-

-primas usadas para criar os produtos destinados às inúmeras lojas de diferentes marcas espalhadas pelo mundo em tempo recorde; como os empregados e suas famílias vivem; e muito mais.

Garanto a vocês que, independente da amizade que Amancio e eu partilhamos, e das muitas horas de conversa que tivemos, ele nunca deu qualquer indicativo de que eu tivesse recebido sua permissão para escrever este livro. Isso significa que, qualquer tentativa da minha parte de assim o fazer, seria uma traição ou uma brecha em seu direito de privacidade. Meus esforços, que beiravam a teimosia, para revelar o lado mais pessoal e humano desse homem foram presenciados por seus colegas mais próximos: o maravilhoso José María Castellano (ex-CEO e vice-presidente do Grupo Inditex), essencial à compreensão de toda a história; e Pablo Isla (atual vice-presidente e CEO da Inditex, desde julho de 2011). Ambos me ouviram falar sobre as muitas ocasiões em que sugeri minha ideia a Amancio: "Você precisa entender que seria injusto não explicar ao mundo que tipo de homem você é. Você precisa aceitar que o fato de estar no topo da lista dos homens mais ricos da Espanha e, de fato, um dos mais ricos do mundo, não mostra nada de fundamental a seu respeito. Sim, diz que você constituiu uma fortuna, mas, paradoxalmente, isso oferece uma imagem pobre de como você é como ser humano. É muito importante que você exponha seu ponto de vista e fatos relevantes. Quem é de verdade Amancio Ortega? De onde ele veio? Para onde ele quer ir? O que o fez sonhar com esse império que é hoje uma realidade visível e palpável?"

Nunca me deixei abater por suas recusas. Sentia-me segura de que um dia a convicção e a força do meu argumento o persuadiriam e ele se daria conta de que eu estava certa. De fato, isso ocorreu, após uns belos anos, embora ele não tenha, efetivamente, dado seu pleno apoio ao projeto – o que equivaleria a rejeitar seus mais caros princípios. Então, um dia, ele me enviou uma mensagem que representava o mais gentil dos presentes: "Deve fazer o que quer – afinal de contas, não posso impedi-la de escrever. Confio em você". Ele sugeriu: "E não coloque apenas as partes boas ou diga que construí a companhia toda sozinho. Existem 80.000 de nós no momento, sem contar aquelas pessoas que já estiveram envolvidas com a empresa e não mais fazem parte dela".

Ali foi a verdadeira gênese deste livro com o qual sonhei desde o dia em que quase derrubei um homem com as mangas arregaçadas, escondido entre algumas roupas numa loja em Arteixo. Ele me deu aquele adorável sorriso marcante dele e disse: "Eu sou Ortega e você deve ser Covadonga. Estava à sua espera". O que nenhum de nós suspeitava era o quanto daquilo que compartilhamos na jornada de nossas vidas seria revelado. Nós dois nos demos conta de que não tínhamos o direito de guardarmos segredos, por mais que alguns parecessem não ter importância, e eu percebi que seria maravilhoso se pudesse escrever a história daquele garoto nascido numa cidade em León (uma província do noroeste da Espanha), há 75 anos, e de seu poderoso império feito à mão, para que todos pudessem ler.

1. MEU ENCONTRO COM AMANCIO ORTEGA

"Pode me chamar de Ortega e deixe de cerimônia"

As PRIMEIRAS IMPRESSÕES que temos de um encontro que ansiamos muito ficam gravadas, de certa forma, nos discos rígidos de nossos cérebros. Elas persistem com traços de clareza inigualável, permanecendo imutáveis mesmo com o passar do tempo e de milhares de coisas ocorrendo em nossas vidas. Assim foi o dia em que conheci Amancio Ortega, mais ou menos 15 anos atrás. Era 1º de dezembro e os anos 1990 estavam apenas começando. Vou explicar melhor para que entendam a situação toda.

Na época, eu era a diretora da *Telva*, uma das principais revistas da Espanha e sempre na vanguarda do que acontecia no mundo da moda. Eu conhecia e, em muitos casos, combinava com alguns dos melhores estilistas de Paris, Milão, Nova York e Londres, visitas, ao menos duas vezes por ano, para conhecer suas coleções. Nem preciso dizer que eu também era vista nas passarelas de Cibeles e Gaudí, onde eram organizados os desfiles de Madri e Barcelona no início do outono e da primavera, respectivamente. Em janeiro e julho, era Paris que surpreendia o mundo com suas exibições de estética da *haute couture*. Tal explosão de criatividade e imaginação era apresentada na mídia mais sofisticada, acompanhada do inegável *glamour* da moda francesa que ditou os padrões desde o início do século XX até os anos 1960 – padrões aceitos pela elite em todas as grandes capitais da moda.

Naquela ocasião, o nome Zara estava ganhando espaço, mas sempre com ressalvas. O que está por trás desse fantástico fenômeno que vem sendo observado pelas vítimas mais inconformadas da moda dos anos oitenta e do início dos anos noventa? Como seria possível definir esse estilo de roupas que não custavam os olhos da cara, com um ar de irrelevância, de "usar e tirar", claramente voltado para a sociedade consumista na qual todos estamos imersos? Qual era a fonte do sucesso de um estilo de moda que unia uma excelente relação custo/benefício com evidentes ecos de *design* elaborado? "Você comprou uma jaqueta Armani sob medida!", um profissional do ramo e especialista em marcas de luxo uma vez me disse, convencido de que estava certo, quando me viu vestindo uma jaqueta Zara perfeita, de corte impecável e características têxteis de grandes estilistas. Aquele casaco foi uma das primeiras peças de vestuário que comprei na Zara, uma loja que estava destinada a se tornar, como seria o caso para muitas mulheres, uma das minhas favoritas.

Não demorou para que a bolsa esportiva preta e discreta, com letras escuras numa tonalidade arenosa, apenas com seu nome como logo, começasse a aparecer nas ruas das maiores cidades da Europa. Mulheres que sempre vestiram as últimas novidades e peças de estilistas de moda carregavam-na com a mesma confiança de portar as últimas tendências da Prada, Gucci ou Dior. O mais surpreendente era a habilidade com que mulheres, que eram ícones de fama e *glamour*, começavam a combinar – e enaltecer – roupas de marcas de luxo com peças básicas da Zara. Isto, então, foi seguido pelo resto do mundo. Mesmo matérias em revistas como a *Telva, Elle, Marie Claire* ou *Vogue* continham fotografias dessas mulheres emblemáticas com itens da marca.

Mais uma vez, meu instinto de repórter me levou a investigar esse fenômeno emergente que, acima de tudo, parecia envolto de todo tipo de opiniões e mistério. O resultado disso tudo era que a Zara estava sendo acusada de copiar; plágio dos aspectos mais marcantes das tendências de cada estação. Havia gente falando sobre lavagem de dinheiro, negócios acobertados e segredos estranhos; havia uma pessoa sem rosto, alguém que nunca aparecia na frente das câmeras, que só era conhecida pelo nome e nada mais. Transbordavam histórias de que ele era um sujeito peculiar que começou seu negócio criando roupões atoalhados no início dos anos 1960 e, sem ouvir a opinião de ninguém, decidiu conquistar os mercados da moda mais difíceis do mundo.

O que estava acontecendo em Finisterra, fonte de infindáveis lendas de bruxas que surgiam em meio à neblina da Costa da Morte? Finisterra fica na rochosa Costa da Morte, chamada assim por causa do grande número de naufrágios ao longo do litoral. Como poderíamos descobrir a verdade a respeito do que estava acontecendo naquela parte do nordeste espanhol que estava atraindo tantos de nossos gurus da moda – os irmãos Adolfo e Javier Domínguez, Antonio Pernas, Roberto Verino, Kina Fernández, Caramelo – estimulando as pessoas a falarem sobre a tal "Moda Galega"? Tínhamos direito a receber respostas claras e objetivas para as montanhas de perguntas em torno desse mistério.

Mandei uma ótima jornalista do time da *Telva* para descobrir. Ela tinha um sexto sentido, a alma de uma detetive e um grande dom para identificar esse tipo de trabalho que fica entre a pura e simples investigação e um romance policial; esses talentos seriam necessários. Ao voltar de sua visita à Arteixo, mostrou-se empolgada com o que havia descoberto, como tinha sido recebida, a grande empresa que ela havia encontrado e como via as perspectivas para o futuro. Em abril de 1990, publicamos o que seria a primeira matéria sobre a Zara, sob a manchete "Zaramania", assinada por Teresa Olazábal. "Lado a lado com as firmas de alta-costura, a Zara inaugurou suas lojas nas melhores ruas de Madri, Paris, Nova York, Lisboa, Atenas e Cidade do México. O segredo? Uma incrível capacidade de captar, compreender e transformar as tendências da moda em realidade – e a preço de banana. E tudo isso em apenas 20 dias!" Por trás de uma lista de dados e valores relacionados àquele período, que hoje deveriam ser multiplicados por várias ordens de grandeza, a ênfase foi colocada no fato de que "em tempo recorde, essa companhia galega transformou-se numa *holding* com 42 empresas próprias. Eles obtêm os tecidos, tingem, estampam, recortam os moldes, confeccionam e gerenciam sua distribuição. Para algumas partes do processo, a Inditex organizou 6.000 camponesas galegas em cooperativas para que elas pudessem confeccionar as peças. Mesmo assim, a Zara permanece um mistério para muitos. Ninguém entende como as roupas podem ser tão baratas, como os *designs* combinam com tantos clássicos da moda ou como os estoques são continuamente reabastecidos".

Qual era o segredo de seu sucesso? Isso era o que todos se perguntavam na época, e ainda se perguntam. A resposta estava contida em linhas de pensamento proferidas por um dos gerentes da empresa: "Desde os preços, o processo inteiro é empreendido sem intermediários ou terceiros. Além de comprar materiais a bons preços e utilizar mão de obra com custo reduzido, a fórmula do bom negócio se apoia numa margem de lucro bem pequena. Preferimos ganhar pouco em cada item, mas vendê-lo aos montes".

Outra característica fundamental era oferecer roupas com os *designs* mais modernos. Um estilista da equipe explicou que o maior sucesso da marca era baseado na percepção e interpretação ligeira das tendências da moda e dos gostos dos consumidores. "A Inditex tem um departamento com 40 pessoas [fico me perguntando quantas devem ser agora], espalhadas por distritos de Nova York, distritos empresariais de Paris e em locais descolados da Espanha. Chamamos esse procedimento de observação de 'avaliação de mercado com o público-alvo.'"

Na minha busca por mais motivos daquele sucesso global, acrescentaria um fator que penso ser crucial: renovação constante do estoque – 40% é trocado toda semana. Entretanto, o estoque nas lojas é reabastecido a cada três dias. Em outras palavras, embora outras empresas manufaturem suas coleções apenas uma vez para uma estação inteira, a Zara nunca para de inovar seus produtos para se adaptar ao que as pessoas estão pedindo.

Como exemplo óbvio, incluo aqui o fato de eu ter, infelizmente, testemunhado os terríveis acontecimentos envolvendo as Torres Gêmeas em Nova York, evento conhecido como 11 de Setembro. A semana da moda de Nova York tinha acabado de ser aberta e, na tarde anterior ao dia que ficará gravado para sempre na história mundial, na 10ª Avenida, diversos desfiles de estilistas americanos estavam sendo apresentados. As novas peças estavam nas vitrines das melhores lojas de Manhattan, as tendências se voltavam para um grande número de cores e indicavam um verão cheio de alegria e felicidade. Quando ocorreu aquela catástrofe, não foi apenas a "Big Apple", mas uma parte considerável do mundo que desmoronou sob o ataque terrorista. Nunca esquecerei a dor e a confusão que reinou nas ruas, nem das rendas pretas que decoravam as vitrines indicando luto, até nas lojas mais luxuosas das principais ruas, assim como no Soho ou em Tribeca. Todos que desenharam e produziram uma coleção vibrantemente colorida viram seu negócio paralisado por todo o período após o desastre. O choque, no entanto, era sombrio, e ficou ainda mais exacerbado pelas cores dominantes pós-evento.

Pouco tempo depois, na época de Natal, de volta a Nova York para passar alguns dias, fui capaz de confirmar que, durante os meses anteriores, somente a Zara tinha continuado a vender. Assim o foi porque, embora não deixasse de compartilhar a tristeza e o sofrimento de muitos, graças ao seu tempo recorde de produção, encheu suas prateleiras com tons escuros e discretos apropriados à tragédia que o Ocidente estava vivendo, principalmente na região que estava sofrendo com as consequências do horror que não só abalou o concreto das torres, mas também uma grande parte da humanidade.

Olazábal concluiu sua matéria na *Telva* com a explicação de que "dados, números e surpresas à parte, o mais interessante com relação à Zara é que ela está se tornando um fenômeno social. Estamos começando a definir a Zaramania nas pessoas como um hábito de compras: comprar o que há de mais moderno para se vestir, e depois descartar no ano seguinte com a consciência tranquila". Uma coisa muita séria reside no cerne desta afirmação: revelou uma verdadeira revolução da moda. Até cerca de 20 anos atrás, a moda sempre aparecia para os ciclos outono–inverno ou primavera–verão, e os melhores modelos eram praticamente eternos. Ainda lembro Valentino em sua oficina em Roma explicando o que significava para ele quando alguma cliente multimilionária dizia que uma de suas peças ainda era perfeita após três ou quatro anos, e que depois seria mantida no guarda-roupa como se fosse um item inestimável, talvez até guardada para suas filhas. Quem não olharia para um item de Pertegaz com um sentimento semelhante a veneração, sem falar no Balenciaga que pertenceu à sua avó ou sogra e que permanece perfeito, intacto, com o passar do tempo?

Mesmo assim, foi Paul Poiret, outro revolucionário, que disse nos idos de 1890 que "a *raison d'être* da indústria da moda é a novidade". Foi este o fator crucial para que o foco do gênio visionário Amancio Ortega, um século depois, arrastasse toda sua equipe para a locomotiva desvairada da moda, para alinhar novidades apresentadas à velocidade da luz com a teoria da eficiência, um conceito-chave na identidade de sua empresa e um novo modelo para os negócios.

Em decorrência daquela matéria, a equipe editorial da *Telva* recebeu cartas dos mais díspares centros do mundo. Todos queriam saber se o que havia sido dito pela jornalista Teresa Olazábal era verdade. O melhor de tudo foi uma ligação confidencial para o meu escritório de Milão. Alguém muito próximo a Giorgio Armani estava perguntando como poderia contatar o "quartel-general" do Sr. Ortega. Eles ficaram muito entusiasmados em poder falar com ele. Sei que houve algumas conversas entre os gerentes das duas empresas, e é bem provável que foram feitas visitas de gerentes da empresa galega à capital da moda italiana. Mas se a privacidade do fundador da Inditex é um profundo mistério, o que dirá de seus projetos. Conversaram, trocaram figurinhas, fizeram estudos financeiros incomuns, mas ninguém revelou o real conteúdo dos diálogos. "Claro que estivemos em contato. E não apenas com a Armani", foi-me dito em uma das ocasiões quando perguntei. Embora eu não tenha qualquer motivo razoável para pensar nisso, sempre suspeitei que os patrocinadores por trás do império Armani estavam atentos ao fato de que roupas de qualidade, com aparência semelhante, estavam sendo vistas nas ruas de várias cidades da Europa e compradas a um terço ou um quarto de seus preços. Então por que não organizar uma *joint venture* ou algum projeto colaborativo? Repito que tais ideias, na época, eram puras conjecturas, nunca confirmadas, nunca rejeitadas. Anos depois, como hei de contar em seu devido momento, descobri o que de fato ocorreu.

1º de dezembro de 1990

O voo de Madri para La Coruña partiu do aeroporto de Barajas e pousou no aeroporto galiciano com pontualidade britânica. Fomos recebidos com um típico dia do noroeste espanhol: nuvens indo e vindo, momentos de sol e chuva fina que transforma os campos em pradarias que contêm todas as tonalidades de verde. Ao fundo, o Mar Cantábrico, normalmente agitado, estava tranquilo e suave. Tudo parecia trazer bons augúrios. Viajei com Montse Cuesta, ex-editora de moda e atual editora-chefe da *Architectural Digest*. Com toda a empolgação que os exploradores pisaram na América, chegamos ao nosso destino preparadas para acabar com aquela porção de mistérios que cercavam a Inditex, a empresa que se espalhava pelo mundo como fogo em mato seco: silenciosa, mas incontrolável. Conhecemos seu fundador e força motriz, uma pessoa enigmática sobre o qual praticamente todos tinham uma opinião, mas quase ninguém o conhecia, sequer sabiam qual era sua aparência. Tanto era verdade que, um tempo depois, um de seus amigos me disse que num bar em La Coruña ouviram alguém alegando conhecer Ortega, sem saber que o próprio, com seu jeito pouco sofisticado de ser, estava tomando café ao seu lado. Não era pouca gente que confundia entre imaginar que conhecia Amancio e a realidade. O fato é que o homem que prometia se tornar a personalidade do século estava começando a virar um importante alvo.

O programa que estava preparado para nós na sede consistia em uma excursão completa pela fábrica, explicações precisas sobre a empresa, almoço com o presidente e depois voltaríamos a Madri. Era como se tivéssemos ganhado na loteria e ainda estivéssemos arrebatadas por nossos bilhetes premiados conforme descíamos os degraus da aeronave.

Um motorista nos encontrou na sala de espera do aeroporto, pronto para nos levar até o escritório central da Inditex, na zona industrial de Sabón. Um integrante da equipe de gerenciamento nos deu as boas vindas e nos pediu para o acompanharmos. A partir daquele dia, toda vez que surgia a oportunidade de fazer uma visita, eu era lembrada de que não são apenas as roupas que emergem desta imensa rede industrial que possuem uma marca definida, mas, igualmente, as pessoas que lá trabalham. São gentis, acolhedoras e bem-educadas. A Inditex possui uma cultura empresarial autêntica. Os vários "professores" desta companhia que já lecionaram aulas de MBA na Faculdade de Moda ISEM em Madri nos últimos anos, a qual atualmente está sob minha direção, motivaram os alunos a ficarem atentos tanto com a qualidade de seus produtos quanto com a amabilidade e respeito no trato com as pessoas. Desde José María Castellano, que agora ocupa uma cadeira em nosso Conselho Consultivo e que conversou muito comigo quando era Vice-Presidente e CEO da Inditex, até os diretores da Zara Home ou o atual Vice-Presidente e CEO, Pablo Isla, todos partilham de um inegável senso de conhecimento e consciência do que significa ser parte de uma empresa como essa. Todos também reconhecem a importância do trabalho em equipe, o que sempre recebe uma menção especial em suas palestras.

Quando nossos alunos visitam Arteixo voltam bastante entusiasmados com a complexidade empresarial que lá encontram, apesar de também aprenderem muito com a impecável cortesia de seus anfitriões, tal como o Chefe das Comunicações, Jesús Echevarría, ou outros executivos. Este jeito especial de se comportar e de comunicar o que significa a empresa é difícil de definir, mas simples para quem observa de fora.

Com relação a nossa visita, lá pelo meio da manhã, estávamos caminhando pelas diferentes seções onde ocorre a complexa tarefa de preparar as roupas antes de serem mandadas para seus diversos destinos. O teto é cruzado por trilhos ao longo dos quais viajam, de maneira ordenada, infindáveis peças de vestuário, produzidas em quantidade, para serem etiquetadas, passadas a ferro, embaladas e, finalmente, seguirem até o ponto em que os trilhos se dividem de acordo com a loja para a qual as peças serão encaminhadas. Nesta etapa final, máquinas sofisticadas e eficientes dobram jaquetas, blusas ou calças, que depois são dispostas em imensas caixas de papelão. Se a peça não puder ser dobrada e precisar ser transportada na vertical, ela é posta em cabides que são automaticamente inseridos em contêineres especiais. Em cada uma das caixas pode-se ler o endereço da loja a que se destina, seja em algum lugar da Espanha ou outro país, como França ou Portugal. Mesmo assim, o império Zara cruzou as primeiras fronteiras europeias.

Fascinadas por esse movimento sem fim e pelo maquinário ultramoderno, raramente sendo controlado por seres humanos, Montse e eu ficamos surpresas pela aparência de um homem sorridente, amigável e de camiseta de manga curta cruzando a seção, em meio a uma nuvem de sobretudos. Ele nos observou com surpresa e satisfação devido à nossa presença. Certamente, aquele deve ser o encarregado da seção, pensei. Dei alguns passos a frente para cumprimentá-lo e lhe disse o quanto estávamos impressionadas por tudo que havíamos visto naquela manhã.

Não posso dizer que lembro exatamente, mas acho que disse que éramos jornalistas de Madri, convidadas pelo Sr. Ortega para visitar a fábrica. Imediatamente, acrescentamos que nossa principal preocupação era conhecer a pessoa que pôde criar aquilo que parecia ser um sucesso sem precedentes. Em resposta aos meus comentários entusiasmados, e com um sotaque galego não muito acentuado, embora com o sarcasmo tão bem conhecido daquela região, ele me respondeu: "Quer dizer que gostaria de conhecer o Sr. Ortega, não é?" A reconhecida fotografia oficial poderia ter nos poupado alguns minutos, mas ainda não havia sido publicada. "Bem, queridas" (*querida* foi uma palavra que ouvi muitas e muitas vezes, no decorrer dos anos que tive o prazer de conviver com Amancio) "aqui está ele. Eu sou Ortega". Divertindo-se com nossa surpresa, logo acrescentou: "Este sim foi um encontro casual; asseguro-lhes que não foi planejado. Passo muito tempo andando de uma área da fábrica a outra para ver se está tudo caminhando dentro dos conformes. Se não estou no armazém, então estarei na parte de *design*. Francamente, o processo inteiro me fascina – mas amo ficar vendo as criações de nossos artistas! É a minha parte favorita do complexo inteiro."

E assim fomos apresentados. Seria redundante dizer que todos que tiveram alguma relação com ele ou trabalharam ao seu lado concordam sobre certos aspectos que se mostram aparentes desde o primeiro encontro: transparência, simplicidade e paixão pelo trabalho. Tudo que eu poderia aprender a respeito do homem e de sua maneira de construir a empresa, assimilei em apenas alguns segundos.

Sem querer desperdiçar nem um instante de nosso tempo, perguntei: "Sr. Ortega, quando conversa com seus estilistas, você dá a eles sua opinião?" Ele respondeu: "Antes de continuarmos, só uma coisa – chega de 'Sr. Ortega', por favor. Aqui sou só Ortega, e é assim para todo mundo". Cada vez mais impressionada por seu jeito informal, apresentei Montse Cuesta. Ele parecia encantado conosco e, imediatamente, transformou-se no anfitrião perfeito. "Eu mesmo vou lhes mostrar a fábrica." Pouco antes de começarmos, ele repetiu: "Só me chame por Ortega; não fique com cerimônias."

Eu preferia usar seu nome de batismo e perguntei, já que ele era o único Amancio que eu conhecia, se ele concordava com isso, e foi dessa maneira que passei a chamá-lo. Logo percebi que aquela primeira conversa não seria a última e que haveria muitas outras ocasiões para nos encontrarmos, papearmos e trocarmos impressões, não só a respeito dos negócios, mas sobre milhares de outros assuntos que o preocupavam e preenchiam seus pensamentos e atividades cotidianas. Por causa desse tratamento "exclusivo" pelo primeiro nome, Ortega passou a reconhecer minha voz: toda vez que ligo para ele, quando pergunto "Como vai, Amancio?", ele me reconhece na mesma hora e responde com a mais amável das vozes. Ele acha engraçado que eu não me dirija a ele pelo sobrenome como todo mundo – inclusive seus familiares. Quando mando minhas felicitações de Ano Novo, por exemplo, nunca deixo de expressar que tenho grande prazer em dizer que penso nele com muito carinho e que desejo ainda mais sucesso do que no ano anterior. Sua resposta é sempre a mesma: "E minhas orações pedem saúde para todos e para que as coisas fiquem, no mínimo, como eram antes. Naturalmente, se elas melhorarem, então melhor ainda para todos nós." Não importa se o calendário mostra um novo ano ou que um novo milênio está se iniciando, como aconteceu em 2000, uma época em que vários tipos de loucuras aconteceram e deveriam ser celebradas. Amancio não viajou para algum lugar exótico – pelo contrário, ficou em sua casa em La Coruña. De fato, no fim daquela manhã, ao desejar meus bons augúrios, perguntei: "O que vai fazer? Como dará as boas vindas ao novo milênio?", e ele respondeu: "O que estarei fazendo? Trabalhando, é claro; se eu quiser que tudo continue funcionando, tenho de continuar a batalhar, haja o que houver."

Naquela manhã em que nos conhecemos, ele simplesmente assumiu o papel de anfitrião do grupo. Ele queria saber o que já tínhamos visto e nos levou a determinadas áreas que ainda faltavam. Começamos a nos dirigir a outra seção onde uma equipe de engenheiros dinamarqueses estava ajustando algumas instalações de rede que eram bastante avançadas para a época. Paramos para ouvir e observar o que estavam fazendo. Embora não entendêssemos o idioma, podíamos admirar a forma com que lidavam com aquelas fantásticas máquinas destinadas a revolucionar o mercado com programas inovadores, programas que eram misteriosos a qualquer um que não estivesse na vanguarda da tecnologia. O sorriso de Ortega merecia uma foto quando nos viu, literalmente, de boca aberta com a cena futurística que estava à nossa frente. Posso não ter entendido muito a respeito daquele maquinário altamente complexo que estava sendo mostrado para nós, mas suspeitei que ali uma parte considerável dos segredos da empresa (destinada a liderar a indústria têxtil mundial) podia ser encontrada e estava sendo moldada.

O sonho de Ortega, partilhado com o grupo de gestores com que trabalhava, era alcançar nada menos do que o melhor sistema logístico do mundo; uma fórmula sem precedentes que permitiria levar um produto até uma loja, independente de sua localização, em menos de duas semanas. Era nisso em que ele se focava com tanta devoção. Em outras palavras, seria uma mudança completa no mundo do varejo e da distribuição.

Continuamos nossa visita. Numa grande sala mobiliada com imensas pranchetas de desenho, um grupo de estilistas trabalhava cercado por dúzias de revistas internacionais, a maioria delas de moda, mas algumas do tipo "sala de espera" – as quais estávamos começando a chamar de revistas de "estilo de vida". Uma das paredes possuía uma fileira de cabides cheios de roupas. Dei uma andada para observar e vi algumas etiquetas com nomes famosos. Meus olhos se encontraram com os de Ortega. Rápida, sincera e claramente, ele me deu uma explicação pela qual não pedi: "Obviamente, precisamos nos inspirar por aquilo que as pessoas aceitam e procuram no mercado mundial! Aqui estudamos, desmontamos e desenhamos as roupas, depois as preparamos novamente, adaptamos ao nosso estilo, produzimos e lançamos de volta ao mercado."

Enquanto o ouvia – e o mesmo acontece toda vez que me lembro daquela imagem que ficou gravada na minha memória – pensei no grande Balenciaga, o padrão de referência para os melhores estilistas do mundo. No início de sua carreira, ele fez uma viagem a Paris e, junto com esboços que ele mesmo fez após cada coleção, ganhando inspiração do que havia acabado de ver, comprou alguns dos modelos das coleções para estudá-los e fazer suas próprias criações baseado nas obras de arte dos melhores estilistas daquele período. Isso foi recontado para mim por seu grande amigo e maior admirador, Hubert de Givenchy, com quem dividiu anos de trabalho e amizade; ele também me disse que Cristóbal nunca cometeu erros na escolha de itens para compra. "Ele sempre estava certo", Givenchy explicou em uma ocasião na sua casa em Paris, falando sobre o início da carreira de Balenciaga em um tom quase de reverência. "De volta à Espanha, em sua oficina em San Sebastián, antes de se mudar para suas instalações no George V em Paris, Cristóbal desmontava seus modelos – hoje chamamos isso de protótipos – e ficava completamente absorto em cada um deles. Foi assim que ele aprendeu como os melhores estilistas da época faziam corte enviesado, cortavam mangas, ajustavam os ombros corretamente e davam pontos perfeitamente etc. Este era o lado mais técnico. A isso ele adicionou inovação, talento e criatividade." Aquela foi sua faculdade de *design* – sua academia particular de belas artes –, e àquilo ele acrescentou sua contemplação ao Mar Cantábrico, que contrastava com as montanhas pontiagudas e os sopés dos Pirineus, que o artista podia ver de sua cidade natal Guetaria. Era essa paisagem que preenchia seus olhos, com um certo *chiaroscuro*, que ele expressou em seus desenhos, transformando-os em vestidos de linhas e cores extraordinárias.

Naquele dia, percebi que esse grupo de estilistas acampados na costa da Galícia, no mesmo Mar Cantábrico, estava aprendendo e se inspirando na mesma faculdade, liderada pelo "Capitão" Ortega.

As tendências, cores e sucessos de cada estação chegavam até as pranchetas de Arteixo de todos os cantos da Europa e além. Esta era a eterna obsessão desse homem: roupas que eram reconstruídas e retrabalhadas baseadas somente no que os consumidores queriam; e, depois, peças de roupas que iriam rapidamente aparecer nos cabides de Madri, Barcelona e outras cidades espanholas, assim como no Porto, em Paris e na Cidade do México.

Após termos ouvido Amancio falar por algum tempo, perguntei: "Será que posso tirar uma foto?" Ele estava de manga curta, sem nenhuma gravata e parecia um operário, mas não foi por isso que negou. De maneira muito gentil e calma (em 20 anos que o conheço, nunca o vi levantar a voz), ele respondeu firmemente: "Absolutamente, não!" Percebi sua determinação em proteger a privacidade, mas expliquei que não havia motivo para ele se preocupar, já que essa não seria uma fotografia para a publicação. De fato, não produziríamos uma matéria com imagens. Eu só queria uma recordação de alguém cuja capacidade para trabalhar, vislumbrar o futuro e conservar a simplicidade, achei encantadora, como diria o gênio Cervantes.

Amancio me ouvia com aquele sorriso que habitualmente tem no rosto, fazendo gestos bastante característicos que sugeriam que eu deveria continuar falando, pois estava quase o demovendo da ideia. Para acrescentar uma razão convincente, ocorreu-me dizer a ele que em minha vida profissional eu havia conhecido muita gente que gerava bastante interesse por causa de seu trabalho e contribuição para o mundo, e que eu gostava de levar comigo uma prova visual de meus encontros com eles. "Por exemplo", eu disse, "tenho uma foto minha com o rei, com um astronauta, com um vencedor do prêmio Nobel, além de outras personalidades importantes e exemplares. Certamente, nunca iria divulgar essas imagens na imprensa – só gostaria de guardar uma lembrança de um momento que foi histórico para mim."

Ele hesitou por alguns segundos. "Olha, se tirássemos essa fotografia baseado em seus argumentos, eu também gostaria de ter uma cópia de recordação. Depois, pensaria, 'por que não tirar uma foto com o fulano ou cicrano?' Daí, já era minha privacidade. As únicas pessoas que quero que me reconheçam nas ruas são meus familiares, amigos e colegas de trabalho. Tento viver uma vida tranquila, ser apenas um outro qualquer, poder ir aonde quiser, tomar um café no terraço da Praça María Pita [um ponto tradicional em La Coruña] ou dar um passeio sem ninguém saber quem sou."

Disse-lhe que sempre me esforço em respeitar as decisões dos outros. Ele ficou tranquilo e continuou nos mostrando as várias oficinas. Suas explicações cuidadosas dos menores detalhes mostraram que ele conhecia seu negócio dos pés à cabeça. Nunca deixou de estar completamente envolvido nisso, incansavelmente assumindo seu lugar na empresa, monitorando passo a passo a cadeia de produção. O que ele nos falava era bem fácil de observar; o difícil era conceber uma fórmula que pudesse manejar com tanto sucesso aquele sistema de distribuição, perfeitamente organizado, em um ritmo tão acelerado.

Em nossas carreiras acabamos conhecendo poucos funcionários; mas o que me chamou a atenção era que Amancio conhecia cada trabalhador pelo nome. Ele tinha uma palavra amigável para cada um.

O fim da visita

Quando finalizamos o *tour*, fomos comer no *Gallo de Oro*, um restaurante que ficava ali perto, onde Amancio costumava levar seus convidados antes de a empresa abrir seu próprio restaurante dentro das principais fábricas. Sentamo-nos em seu canto favorito, numa mesa bem comum.

Antes de conferirmos o cardápio e com um olhar preocupado, ele perguntou: "Aquela história da foto a incomodou?" Era óbvio que ele tinha ficado ligeiramente desconfortável com aquilo, dado que, em sua filosofia de vida, um conceito importante é ser o mais agradável possível com aqueles à sua volta, não importa quem seja. Mais uma vez ele se desculpou, explicando-me novamente o que havia dito. Foi só quando enfatizei o fato de que respeitava sua posição que ele acrescentou: "Essas enguias são quase tão boas quanto às da região da Espanha de onde você vem". Fiz o meu pedido e descobri que sua preocupação com excelência não estava restrita apenas às suas atividades profissionais.

O almoço foi ótimo. Conversamos sobre milhares de coisas, inclusive um assunto do qual sempre me recordo. Já naquela ocasião, lembro que achava as roupas da Zara muita boas, principalmente por causa da perfeita relação custo-benefício. Acontece que, naquele dia, eu estava usando um terninho da Zara em flanela cinza, de corte perfeito. Disse isso e ele me respondeu que havia reconhecido imediatamente e que gostou de me ver com uma de suas peças – não porque era dele, mas porque ele se sentia muito satisfeito em ver que os consumidores gostavam de seus produtos. Aproveitei a oportunidade para tecer vários comentários sobre as coisas de que gostava na empresa, quando ele me interrompeu. "Ouça", ele disse, "vou lhe pedir um favor. Diga-me agora o que você não gosta com relação à Zara. Eu já sei pela Elena [a gerente da loja Velázquez, em Madri] que você é uma ótima cliente, que entende de moda e dirige uma excelente revista. A sua opinião é a do tipo que me interessa e eu valorizaria todas as críticas sobre algo que eu pudesse melhorar."

Levei a sério aquele comentário e me preparei para responder da maneira mais clara possível. A verdade é que, apesar de sua insistência, eu não estava muito à vontade em falar para ele algo de negativo no mesmo dia em que o estava conhecendo – e bem no meio de uma refeição em que eu era a convidada. Mas ele perguntou de forma tão carinhosa que não pude deixar de dizer o que pensava. "Na minha opinião – e não só a minha –, a malharia não é muito benfeita, e, embora os calçados tenham um bom *design*, os materiais são duros como uma pedra. Eu não me atrevo nem a experimentar os calçados!"

Ele não chegou a tomar qualquer nota; outra de suas maravilhosas qualidades, com a qual todos concordam a respeito, é sua impressionante memória. Ele nunca se esquece de nada que tenha importância; sempre ouve com atenção e, mais cedo ou mais tarde, faz uso daquilo que está armazenado em seu cérebro. Pude testemunhar isso há alguns meses, em uma de minhas visitas recentes a Arteixo. Naquele dia, eu estava usando um par de sapatos que tinha comprado da Zara, não porque estava visitando Amancio, mas porque eram tão confortáveis que mal pude tirá-los do pé durante todo o inverno.

Mostrei-os a ele e, para minha surpresa, disse que se lembrava perfeitamente de meu comentário negativo durante aquele nosso primeiro almoço juntos, muitos anos antes. Ele repetiu quase as mesmas palavras que usei na ocasião. Para realçar a diferença entre meu comentário naquele dia e a situação atual, ele disse: "Você sabia que a Princesa Matilde da Bélgica tem um par idêntico? Vi-os numa fotografia em uma revista. Eles realmente combinaram com ela". Seu rosto praticamente não mudou ao dizer isso. Mas sua maior satisfação era saber que a equipe que agora era responsável pela confecção dos calçados na fábrica de Tempe (em Alicante) estava deixando satisfeitos os clientes do mundo todo.

2. PRIMEIROS PASSOS DE UMA HISTÓRIA

Recordando seus pais

"O SALÁRIO DE MEU PAI ERA DE 300 PESETAS (menos do que 2 euros, hoje em dia). E não me venha com o papo de que na época não era tão ruim assim, pois não dava para sustentar uma família tanto quanto não o seria possível hoje em dia. Éramos três crianças: Antonio, o mais velho, Pepita, a única menina, e eu, o bebê. E aquele salário nunca era o suficiente para chegar até o fim do mês."

Almoçamos para discutir uma porção de assuntos relacionados a trabalho (um dos muitos almoços que tive o prazer de desfrutar na companhia de Amancio Ortega). Estávamos na sala de jantar para convidados do novo escritório central em Arteixo. Em uma ponta da sala fica uma área bastante confortável, com um sofá e uma mesa de centro onde você pode curtir um aperitivo antes da refeição. Tudo tem um ar de bom gosto e simplicidade minimalista, uma das principais características do prédio inteiro. Toalhas de mesa brancas, cerâmicas perfeitamente brancas e um cardápio que faz uma homenagem ao país: frutos do mar e peixes, como garoupa, tamboril ou merluza, preparados com maestria. Embora as sobremesas não se encaixassem nesse padrão da *haute cuisine*, também eram especiais.

Como regra geral, Amancio não é um grande apreciador da gastronomia, mas é um excelente anfitrião. "Meu prato favorito – ele me disse mais de uma vez – é ovo frito, batatas fritas e chouriço". Ainda com o pé no chão, incapaz de empinar o nariz, nunca se importa com suas frequentes menções em jornais internacionais de finanças como um dos homens mais ricos da Espanha. Faz parte da lista da *Forbes* dos homens mais ricos do mundo [ele está no TOP 10], e sua importância só aumenta conforme os anos vão passando. Ele me contou cada detalhe do ponto de partida de sua vida nos negócios; uma história muito incomum e comovente, profundamente humana, um testemunho vital para sua vida.

Éramos três jantando juntos: Amancio, o então CEO José María Castellano e eu. Conversamos sobre milhares de coisas diferentes naquele papo longo, complementado por suas lembranças únicas, fragmentos que iluminavam o panorama de sua vida e permaneciam recentes em sua memória, apesar dos anos. Felizmente, permaneceram vívidos na minha também. Quando tocamos no assunto do crescimento espetacular ocorrido na Inditex – mais fantástico ainda, devido ao futuro que os anos 1990 pareciam reservar –, perguntei a ele, com genuína curiosidade, quais tinham sido os primeiros passos desse fenômeno extraordinário. Já naquela época apareciam na imprensa numerosas versões diferentes da origem de suas transações financeiras, mas nunca imaginei que teria a oportunidade de ouvir direto da fonte quais foram as mais profundas motivações, o estímulo que impeliu Amancio a lançar-se à conquista do ramo têxtil. Ele foi instigado pelo mesmo idealismo e atração pelo perigo que inspirou, há séculos, tantos heróis a realizarem suas grandes façanhas no período da descoberta da América, de Colombo a Hernán Cortés. Lentamente, como se estivesse revivendo cada segundo de suas experiências mais íntimas, aquelas que repousam nos cantos mais recônditos de nossas almas e ficam lá preservadas como tesouros enterrados, Ortega começou a nos contar uma história que aconteceu quando ele ainda era uma criança, pouco antes de passar por aquele período esquisito antes da adolescência. Seu relato nos faz refletir como fome, estados de necessidade ou dificuldades podem ser os pontos de partida para sucessos profissionais, políticos, religiosos ou pessoais, que estão gravados no livro de ouro da história da humanidade. Lembrei-me de algo que Luis Miguel Dominguín (um toureiro lendário) me contou, há muitos anos, quando ele estava no auge de sua carreira. Seu filho, que na época era apenas uma criança, estava brincando no jardim de sua casa em Somosaguas (um bairro elegante, próximo a Madri). "Aquele menino nunca será um toureiro. Para conseguir enfrentar um touro é preciso saber o que significa 'fome.'" Será que a fome é a força que impulsiona um gênio, um herói ou um santo a alcançar sua estrela?

Isso foi o que Amancio nos contou: "Lembro-me de uma tarde, depois da escola, quando fui com a minha mãe fazer compras. Eu era o mais novo e ela gostava de se encontrar comigo após a aula para irmos para casa. Quase sempre estávamos juntos quando ela ia ao mercado. O mercado que frequentávamos era um daqueles enormes, da época, com um balcão muito alto; tão alto que nunca pude ver quem estava falando com a minha mãe, mas ouvi a voz de um homem dizer algo, que apesar de tanto tempo depois, nunca esqueci: 'Josefa, sinto muito mesmo, mas não posso dar mais crédito a você'. Fiquei devastado. E eu só tinha doze anos."

Amancio começou a explicar que era uma criança muito sensível, com um forte senso de honra, e que quando se recuperou após ter ouvido aquelas palavras, decidiu que sempre faria de tudo para ajudá-la. "Aquela seria a última vez que minha mãe teria que passar por aquilo. Entendi a situação claramente e, daquele dia em diante, fui atrás de um trabalho para ganhar dinheiro e ajudar nas contas da casa. Larguei a escola, desisti dos meus estudos e arranjei um emprego como vendedor em uma camisaria." Essa loja ainda existe em La Coruña, na esquina da rua Juan Flórez.

Anos mais tarde, contei a Amancio como fiquei impressionada por aquilo que disse, o quanto refleti sobre o relato de seus primeiros passos nessa longa jornada e como ele nunca havia descansado; jamais perdeu sua energia por ser um trabalhador incansável. Naquela ocasião, ele reiterou firmemente que, uma vez definido seu curso, nunca mais se arrependeu; também nunca se permitiu esquecer de suas origens humildes, nem daquele evento terrível de sua infância, quando lhes faltou os meios básicos para a subsistência de sua família. Não há dúvidas de que aquilo ajudou a forjar um caráter capaz de lidar com as infindáveis dificuldades que afetam, todos os dias, as vidas de muitas pessoas.

A verdade por trás dessa história, como qualquer outra a respeito do princípio de sua carreira profissional e pessoal, é que esse conquistador do mundo varejista internacional, o homem que provoca imensa curiosidade e grande admiração, definitivamente, dedicou-se incondicionalmente à "universidade da vida". O mais inspirador em tudo isso é que, após tantas décadas, ele continua "assistindo às aulas", sem faltar um dia sequer. Nunca tirou um ano sabático de férias e ainda tira as melhores notas nas competições internacionais.

Amancio nunca duvidou de que, se quisesse conquistar um diploma de valor numa faculdade de moda, teria de merecê-lo por meio de muito esforço, energia e entusiasmo, os quais precisariam ser renovados a cada dia. Esses seriam os ingredientes essenciais para alguém que quisesse enfrentar um desafio semelhante ao assumido pelo visionário. Quem poderia imaginar que o garoto de 12 anos daquela loja seria o criador de uma empresa genuinamente revolucionária? A partir daquele exato momento, ainda segurando a mão de sua mãe, abandonou a infância e lançou-se à tarefa de sustentar a família, embora ainda se encontrasse no início de sua carreira como assalariado, num pequeno comércio local.

Amancio Ortega é um homem cuja verdadeira realidade é desconhecida por quase todo mundo; um ser humano de olhos flamejantes, que se umedecem ao recordar certas emoções, e que oculta a inesquecível cicatriz de uma criança ferida pelo desprezo e pela dura realidade da vida. Ou talvez ele seja apenas um garoto que se rebelou contra sua necessidade de sobrevivência e que tomou uma corajosa atitude de inverter essa situação de uma vez por todas. Com a maior honestidade e simplicidade, ele reconheceu que jamais poderia imaginar o que viria a acontecer em sua vida, após aquela decisão prematura de abandonar as salas de aula.

O resultado dessa decisão foi que começou a desenvolver uma grande inteligência natural; tornou-se um daqueles que a história raramente vê, possuído por uma determinação inabalável para cumprir tarefas, grandes ou pequenas, ou construir algo maravilhoso a partir de aparentes banalidades que vão se acumulando e com as quais temos que lidar todos os dias. Como diz o cantor e compositor catalão Joan Manuel Serrat, "Não existem estradas – nós as construímos conforme viajamos".

Não há dúvida de que, desde que iniciou sua carreira como o empregado menos importante de uma camisaria até agora, ele ignorou muitas das oportunidades que a vida oferece a bilionários. Amancio Ortega escolheu devotar-se de corpo e alma ao negócio que foi lentamente descobrindo e, com o qual, continua a se envolver profundamente. "Todos temos um propósito", é uma coisa que você o ouve repetindo com a absoluta convicção de uma pessoa que sabe que possui uma missão. Embora seu ponto de partida, o primeiro tijolo do império colossal que ele erigiu, tenha sido a vontade de ajudar sua família, o que o instiga agora não é simplesmente ganhar dinheiro. Por mais que seja válido para um aspirante a homem de negócios, isso não é o suficiente para Amancio. Ele é motivado por uma ideia que ilumina um importante aspecto de sua biografia: "É algo mais profundo que me estimula a trabalhar, e é o que me impulsiona desde que eu era criança. Não é o dinheiro, por mais importante que ele seja. Existem outras razões – todas legítimas –, que depois vim a descobrir, que me deram ânimo para prosseguir incansavelmente. Eu também comecei a trabalhar muito jovem, quando tinha apenas 13 anos, apesar de ter tentado o emprego lá um ano antes, porém não tinha a idade mínima para a vaga. Tenho muito carinho pelo meu primeiro contrato de trabalho na Gala [a primeira loja de roupas onde ele trabalhou]."

Ele continua a história, com seus olhos refletindo nostalgia e força – outros aspectos de seu caráter que marcaram sua carreira pessoal e profissional. Seus olhos revelam quem ele é e aludem às pessoas que o apoiaram em cada momento da vida, inclusive mostram por que ele nunca parou de lutar, independente das dificuldades.

"Quando eu era criança, odiava ser ridicularizado. Aos 9, 10, 11 anos, eu era muito emotivo, sentia tudo. Nunca levantei minha voz, porque não gosto de fazer os outros se sentirem mal, mas devo dizer que eu era muito orgulhoso. Já um pouco mais velho, trabalhando na La Maja [a loja de roupas seguinte em que ele trabalhou], que era um pouco mais chique do que meu emprego anterior, eu, certa vez, fui passear por La Coruña com a filha de uma das clientes, que era bastante rica. Parecia que aquela garota estava apaixonada pelo garoto que trabalhava na loja – eu, em outras palavras. Até *me* fez sorrir.

"Um dia, a mãe da garota entrou na loja e perguntou ao chefe onde estava seu filho Amancio. É claro, o proprietário disse que eu não era seu filho, e você pode imaginar a expressão de descontentamento da mãe. Ela, realmente, não gostou da ideia de eu estar saindo com a filha dela. Imagine, só porque eu era um mero vendedor e não o filho do dono? Aquilo teve um forte efeito sobre mim. Quando me lembro daquele tempo, acho que os ricos eram diferentes, e não se portavam como acredito que uma pessoa com dinheiro deva agir. Eles eram muito mais isolados e guardavam sua fortuna com avareza – e apesar de não terem uma quantia tão exagerada, dava-lhes a sensação de exclusividade. Sofri muito pelo que havia acontecido; foi muito doloroso para um adolescente.

"A partir daquele dia, sempre tento me lembrar dos sentimentos dos outros, e procuro poupar aqueles próximos a mim de serem feridos como fui."

Apesar daquele "incidente", ele ainda mantinha uma ideia bastante clara daquilo que pretendia, e nunca pensou em se formar para elevar seu nível social e intelectual. Ele estava comprometido em atingir sua meta: "Não tinha tempo de estudar porque trabalhava 24 horas por dia. A percepção daquilo que eu queria fazer se tornava mais clara a cada dia, e eu não podia parar até estar em posição de lançar a ideia para os outros envolvidos. A única coisa da qual me arrependi após tanto tempo foi que nunca aprendi a falar inglês, pois posso ver o quão é essencial. Mas as coisas que deixo de entender, aprendo ouvindo bastante e prestando atenção às pessoas à minha volta."

A maneira com que ele descreve isso é um tanto impressionante, considerando o fato de que alunos de faculdades de Administração o idolatram. Ele permanece um grande mistério para muitos executivos, que investiram preciosos anos de suas vidas preparando-se para o futuro. Com toda a simplicidade do mundo, afirma que as bases para seu treinamento profissional foram a vida e o trabalho em si. Sente-se quase que na obrigação de descrever como o Ortega de hoje é diferente daquele jovem vendedor que se opôs contra as injustiças e nunca desistiu de lutar contra as dificuldades da vida.

"Posso lhe garantir que, praticamente, não mudei. Meu pensamento hoje é igual ao daquela época. O importante é determinar metas a si mesmo na vida e empregar todas as energias para alcançá-las.

"Desde o dia em que comecei a trabalhar, fiquei obcecado por uma ideia – por que não inventar algo diferente de tudo que está no mercado? Podia ver claramente que eu queria preencher um espaço no mundo da indústria têxtil. Eu ainda não conseguia definir claramente em que estava pensando naquele momento, mas decidi seguir aquele impulso e criei a GOA com meu irmão Antonio. Abrimos uma conta corrente com 2.500 pesetas [menos de 20 euros, nos dias de hoje]. Minha cunhada, que sabia costurar, e minha primeira mulher, Rosalía, faziam os roupões acolchoados que eram bastante modernos na época."

Dentre as memórias que tenho de nossas conversas e encontros, há outro momento que define Amancio como o ser humano único que é, naturalmente com todos os seus prós e contras, como todo e qualquer mortal. Ao falarmos sobre aquela intuição que o motivou a introduzir uma maneira diferente de trabalhar, perguntei-lhe como havia planejado a Inditex, a empresa que ele transformou no maior grupo têxtil do mundo. Sua filosofia e bases sólidas mostram-se óbvias a cada frase proferida. Ele fala sem pressa, pensando cuidadosamente sobre tudo o que diz. As razões que o motivaram na vida são bastante claras em sua mente.

"No meu caso, desde o princípio, dediquei tudo ao trabalho com a máxima exigência. Nunca me satisfazia com o que estava fazendo e tentava colocar isso na cabeça das pessoas com quem trabalhava. A autossatisfação é uma armadilha terrível quando se quer atingir qualquer coisa importante. Nessa companhia, nunca nos vangloriamos de nossos louros, nem quando estávamos dando nossos primeiros passos ou agora, que temos lojas em todos os cantos do mundo. Otimismo cego é um erro. Você precisa sempre querer fazer melhor e nunca perder a habilidade de se criticar. Sempre achei que se quiséssemos vencer, tínhamos que nos flexibilizar mais a cada dia. Mas devo confessar que essa empresa é menos complicada do que parece. É bem fácil de gerenciá-la."

Naquela atmosfera de confidências, não pude resistir à tentação de descobrir mais sobre o império e o "imperador". Só ouvindo Amancio em pessoa para poder ter uma melhor compreensão daquilo que sabemos hoje. Para alcançar isso, temos que voltar um pouco no tempo para investigar como foram os primeiros anos de vida desse homem.

Remontando às raízes

Muitos acham que Amancio Ortega, que mora em Finisterra, nasceu na Galícia. Temos a imagem de uma manhã nebulosa, no lado nordeste da costa, com vários catadores de mariscos e pescadores nas praias, enquanto as mulheres estão em casa, devotando suas vidas a costurar numa oficina para pequenos empresários que futuramente se tornarão famosos. Parece natural presumir que a força motriz e a alma de um império como esse, tal qual nos tempos de Felipe II, Rei da Espanha, durante o século XVI, "sobre o qual o sol nunca se punha", teria vivido e trabalhado desde criança nessa ponta da península como um nativo.

Sobraram poucas testemunhas, mas provas documentais mostram que Amancio Ortega nasceu em um vilarejo em León, Busdongo de Arbás, no lado sul do Canal Pajares, na fronteira entre León e Asturias. A população do vilarejo é de mil e trezentas pessoas e possui uma mina de carvão e uma fábrica de cimento. Quem investigou as raízes de Amancio diz que ele nasceu no dia 28 de março de 1936 (a apenas alguns meses da deflagração da Guerra Civil Espanhola), que divide a mesma data de aniversário do autor peruano Mario Vargas Llosa, além de outros fatos de mesma natureza que Amancio acha divertido. O que ele me contou, com orgulho e admiração genuínos pela alta qualidade de seu trabalho, é que seu pai "era um ferroviário, nativo de Valladolid. Quando nasci, ele havia sido transferido a um vilarejo para cuidar da manutenção das integrações, o que significava que seu trabalho era monitorar a condição das estações e da ferrovia, e ele era assíduo em sua função".

Tão vívida é a memória e tão maravilhosa é a influência que o pai de Amancio teve sobre vários aspectos de seu caráter que, há algum tempo, em certa ocasião em que tínhamos um compromisso marcado mas que teve de ser adiado devido a um imprevisto, ele precisou se desculpar diversas vezes. Quando respondi: "Por favor, Amancio, isso acontece com qualquer um, não se preocupe", ele replicou que para seu pai, um ferroviário, pontualidade era um aspecto crucial de seu trabalho diário e ele reiterava isso dentro de casa. "Odeio faltar a um compromisso e gosto ainda menos de chegar atrasado. Essa foi uma das coisas que aprendi com meu pai."

Quando o jovem Amancio tinha apenas três meses de idade, a família se mudou para uma cidade fabricante de papel, Tolosa, a alguns quilômetros de San Sebastián. Ele recorda claramente do vilarejo natal de sua mãe, Valoria la Buena, onde eles passavam feriados de verão e a Semana Santa. Tamanha é a admiração que sente por sua mãe, de quem guarda memórias muito doces, que seu iate porta o nome da cidade onde ela (Josefa) nasceu, Valoria. Os anos que passou no País Basco e suas memórias de infância também deixaram marcas difíceis de serem apagadas: o colégio de padres onde estudava, suas fugidas para os pomares, as vezes que roubava maçãs e peras e, como todo garoto, as brincadeiras que aprontava, típicas de cidade pequena, que o fazem gargalhar até hoje quando se lembra delas.

Em agosto de 1944, seu pai foi transferido para La Coruña, onde um ramo da ferrovia estava sendo construído na linha de Santiago a Zamora. Quando Amancio, que tinha 8 anos na época, recorda daquele período de sua infância na Galícia, fica mais contemplativo, lembrando uma parte muito dura daqueles anos de pós-guerra na Espanha. Quando se lembra de suas origens, ele diz que nunca ouviu ninguém mencionar a guerra em sua cidade, embora seu pai tenha passado por muitas dificuldades. "Quando a guerra eclodiu, meus pais moravam numa vila muito pequena onde alguns de seus amigos viveram e morreram. Esse tipo de coisa nos deixa marcados para sempre."

Em 1960, seu pai foi promovido a chefe de equipe e recebeu um prêmio por eficiência. Em 1971, foi indicado para chefe da estação, mas decidiu se aposentar e, junto com sua esposa, foi aproveitar um pouco do que seus filhos fizeram por eles. Amancio fica emocionado quando pensa que seu trabalho ajudou seus pais a terem alguns anos da paz e bem-estar que tanto quis para eles. Sempre se lembra daquela horrível tarde em que encarou a dura realidade de não ter o mínimo para o sustento dele e de sua família. Gravado em sua memória, como uma fotografia viva, é o início de sua vida profissional na camisaria Gala. Ele relembra que não eram só coisas ruins que aconteciam, e que ele tem prazer em pensar em tudo o que aconteceu em seu primeiro emprego. "Como deve imaginar, eu era o faz-tudo. Limpava, empacotava e atendia aos clientes quando a loja estava cheia. Parece que os clientes comentaram sobre meu atendimento a meu chefe, pois notaram que, desde que pisei naquele lugar, levei o trabalho muito a sério e com um forte senso de responsabilidade. Sempre gostei do meu emprego e tive muita facilidade para aprender."

Depois de abrir a loja de número 3.000 no mundo, o chefe da Inditex me disse que sempre tem em mente que nunca se deve perder o cliente de vista. Ele era excepcional no negócio de camisas por causa do jeito com que lidava com todos que entravam na loja. Aquele garoto sério e trabalhador que sempre estava disposto a estender uma mão a qualquer um que precisasse de ajuda é a mesma pessoa de hoje em dia, agora com 75 anos, pronto para prestar atenção a qualquer um que precise de sua opinião sobre como resolver um problema ou destacar uma importante área da surpreendente expansão internacional em que a empresa se encontra.

Quando liguei para ele, no dia 28 de maio de 2008, para desejar feliz aniversário, ele, naturalmente, falou para mim que estava no trabalho. Ficou encantado por eu ter lembrado dele, e quando perguntei: "Amancio, o que está fazendo aí na Inditex em vez de estar comemorando em casa seu aniversário?" Recebi a mesma resposta que ouvi várias outras vezes: "Por que ficar em casa? Estou fazendo o que sempre faço, trabalhando. O que fiz de diferente, sim, foi chegar um pouco mais tarde hoje. Como sabe, meu café da manhã é sempre importante – primeiro, comi alguma coisa em casa com a família, depois lanchei com meus amigos. Não é preciso muito para me fazer feliz."

"Você pediu alguma coisa especial para seu aniversário?"

"Só pedi a Deus saúde para nunca parar", ele respondeu.

Antes de abrir sua própria empresa, aos 17 anos, Amancio deixou seu primeiro trabalho e foi admitido como vendedor na La Maja, uma ótima companhia, de acordo com um amigo de sua irmã Josefa. A empresa possuía várias filiais onde seu irmão e sua irmã mais velhos, Antonio e Pepita, trabalhavam. Quando aconteceu de Amancio ser promovido a gerente, diante de seu rápido avanço devido a qualidades que já indicavam que ele poderia ser um eficaz homem de negócios, a pessoa que o substituiu foi uma garota de 16 anos chamada Rosalía Mera Goyenechea, com quem ele se casou dois anos mais tarde.

Os proprietários da La Maja prestaram muita atenção às sugestões do jovem Ortega. Uma delas, foi para eles utilizarem o tecido e a mão de obra de Primitiva, a esposa de seu irmão Antonio, uma estilista, sob a supervisão dele. Os resultados foram satisfatórios e, assim, Amancio, não muito interessado em abrir mão do valor agregado derivado de suas iniciativas, pediu demissão de seu emprego como vendedor de loja para se tornar um dono de empresa em tempo integral. Em seus dez anos de experiência, ele fez contatos com produtores têxteis catalães que ofereceram a ele preços de atacado, permitindo-o construir uma significativa carteira de fornecedores.

Equipado e com um empréstimo bancário de 2.500 pesetas que mencionamos antes, ele abriu seu próprio negócio, a GOA Confecciones, em 1963. O nome surgiu das iniciais, lidas de trás para frente, de seu nome e do nome de seu irmão Antonio, além dos sobrenomes dos dois – Ortega Gaona. Ele tinha a companhia de sua mulher, as irmãs dela e de um grande amigo da família, o vendedor José Cañas, futuro criador da empresa Caramelo.

Para poder começar, eles se estabeleceram numa oficina modesta e se concentraram em produzir os famosos roupões acolchoados femininos, que acabaram vendendo muito mais do que imaginaram. Ao reinvestir a maior parte de seus ganhos, Amancio Ortega deu um passo com o pé direito em sua oficina, e se concentrou em fazer roupas para serem vendidas por representantes comerciais. Ele até conseguiu exportar uma parte da produção. Dez anos depois, sua força de trabalho contava com quinhentos empregados, havia assumido as operações comerciais e de distribuição, e tinha contratado uma equipe de estilistas. Ele estava pronto para dar um salto para a conquista de um elo da cadeia que ainda não havia dominado: distribuição varejista.

Em 1975, a abertura da primeira loja Zara, em La Coruña, foi um marco ao introduzir um método de produção verticalizada que apresentou uma inovação até então desconhecida na indústria da moda europeia àquela época. Ouvi dizer de uma pessoa que trabalhou na oficina dos Ortega que o criador desse futuro império, nos primeiros anos, trabalhava sem parar para poder expandir sua marca recém-criada, Zara, por toda a Galícia. Depois, ele criou outras firmas responsáveis por várias linhas de produção e acumulou o capital necessário para realizar seu sonho, anos mais tarde. "Você notará que eu não tenho um escritório", disse-me Amancio em uma de nossas conversas. "Nunca tive um. Meu trabalho não é burocrático, é industrial." E, de fato, foi assim que o conheci – espiando em meio às roupas nos cabides que eram transportadas, como numa espécie de carrossel, em seu galpão de distribuição.

Amancio é uma criatura de hábitos. É assim que ele descreve suas preferências cotidianas: "O que mais gosto é passar bastante tempo na área de projetos. Sempre gostei de estar cercado por pessoas criativas, que são mais jovens em sua maioria, e ouvir suas sugestões; pessoas que passam seu tempo viajando pelo mundo, observando todas as tendências da moda, não só com relação a roupas, mas também com relação a estilos de vida. Você aprende muito ouvindo. Se eles quiserem minha opinião, eles a terão, mas são excelentes profissionais e sabem o que estão fazendo."

3. ZARA: UMA NOVA CULTURA DA MODA ASSUME SEU LUGAR NO SÉCULO XXI

"Mesmo quando eu era um ninguém, costumava sonhar em expandir a empresa"

Numa de nossas conversas, Amancio certa vez disse: "Um rapaz que visitou nossas fábricas, um grande especialista em negócios, disse-me que eu havia dado início a uma empresa de distribuição têxtil inovadora e vanguardista". Com essa ideia clara e sem mais palavras, ele resumiu porque essa grande companhia, a principal no setor, adotou o nome "Inditex" [Industria de Diseño Textil, em espanhol]. "Se ele falou com tanto entusiasmo, deveria estar certo", pensou Amancio, que nunca permitiu que seu avanço fosse atrasado por detalhes. "Eu podia ver minhas metas claramente e aceitei que o que estava progredindo e o que estava funcionando tão bem, até aquele momento, era uma 'indústria de *design* têxtil." Assim o nome nasceu naturalmente e sem complicações.

Seguindo os passos da primeira pequena oficina que citamos anteriormente, GOA, Ortega imprimiu sua marca no nome Inditex, uma companhia que, em apenas alguns anos, seria a oitava empresa de maior sucesso no mundo. Um artigo no jornal *El País* de 16 de junho de 2008 comentou que "a ascensão da Inditex era espetacular. Há apenas quatro anos, a GAP, líder americana da época, estava vendendo o dobro da quantidade do grupo espanhol, que ocupava a terceira colocação, atrás da empresa sueca H&M. Em 2005, alcançou a primazia europeia com um forte crescimento, ao passo que os negócios da GAP ficaram estagnados.

"A crise que afetou o grupo estadunidense, que opera as redes GAP, Banana Republic e Old Navy, tornou-se evidente a todos no início daquele ano, já que teve uma queda de 10% nas vendas. Esse fato, associado à queda do dólar, proporcionou de bandeja à Inditex a medalha de ouro, algo que apenas alguns anos antes teria sido impossível. A companhia espanhola conquistou a preferência absoluta do consumidor."

Como diz Amancio, "o que a empresa precisou muito, quando definimos o nome que hoje é sinônimo de sucesso, foi que nos empenhássemos a cada dia e trabalhássemos para manter o mesmo curso. Minha prioridade sempre foi a empresa e fiz de tudo por ela com a maior dedicação, desde o primeiro dia. Não me canso de repetir que tudo o que consegui foi graças às pessoas que tantas vezes se espelharam em minha dedicação – a qual não nego, pois sou uma pessoa muito ambiciosa. Mesmo quando eu era um 'Zé Ninguém' e mal tinha o que comer, eu sonhava em crescer. Nunca descansamos para colher os louros ou escolhemos a via mais fácil. O otimismo pode vir a ser uma emoção muito negativa. É preciso se arriscar! Nunca deixei de dizer isso a todos que vieram fazer parte da empresa. Isso significava sempre se ater às nossas metas com o maior comprometimento. Nós, que demos início a esse negócio, fazíamos isso o tempo todo. Todos os dias surgiam novas ideias e nunca nos prendíamos a planos preconcebidos. Crescimento é um mecanismo de sobrevivência – sem o crescimento, uma empresa morre. Uma companhia precisa fazer de tudo pelo bem das pessoas que se comprometeram a vê-la crescer. E agora eu, com 72 anos [ele me disse isso em 2008], sinto-me exatamente da mesma maneira. Não dá para parar de crescer."

Alcançar metas predefinidas sempre foi o principal motivador na formação da empresa. Esse é um compromisso que ele incorporou com paixão, estimulado por sua inteligência idealista, intuição, visão de futuro e horas de intenso trabalho. Ele passou dois anos, 1986 e 1987, assegurando que todas as empresas manufatureiras do grupo focassem toda sua produção para a cadeia Zara. Foi durante essa época que se estabeleceram as bases para um sistema logístico que daria conta das previsões de crescimento acelerado. Este é um sistema de produção que cativou o pensamento de homens de negócios do século XXI e, agora, está sendo aplicado a outros campos do mundo da moda e do luxo, tais como acessórios, joias, cosméticos, entre outros.

"Tudo é da Zara, minha loja favorita"

Outra estratégia de sucesso do presidente da Inditex é a habilidade de adaptar sua visão de moda de acordo com as mudanças sociais. Se quiser descobrir o que está acontecendo e absorver o estilo de vida que está à sua volta, você deveria folhear as páginas de uma boa revista de moda, incorporar as tendências e ofertas, dar um passeio pelas ruas onde os jovens passam o tempo curtindo a vida, e observar, observar e nunca parar de observar.

Agora vivemos na era da internet, das novas tecnologias e da Aldeia Global de McLuhan. Uma característica inegável desse novo panorama é a maneira como as mulheres estão ocupando todas as áreas profissionais possíveis, absolutamente confiantes de que podem conciliar a vida familiar com seu trabalho desgastante. O tempo se tornou seu luxo mais precioso. "Eu sei que na Zara sempre irei encontrar o que preciso, sem precisar gastar horas e horas procurando" é uma coisa que você ouve em todos os idiomas que puder imaginar.

Na última vez em que estive em Xangai, participando de um Fórum de Marcas de Prestígio que foi organizado na CEIBS (sigla em inglês para Escola Internacional de Negócios China–Europa), reservei algum tempo para conhecer a cidade. Pude observar mais de dez mulheres, com traços tipicamente asiáticos, vestidas em estilo ocidental, saindo de uma espetacular loja da Zara, localizada, como sempre, na melhor parte da cidade – carregando aquela sacolinha característica. Uma de nossas aeromoças, uma estudante de MBA desta faculdade de negócios, exibia uma combinação moderna de excelente gosto. Quando perguntei de onde vinham as roupas que ela estava usando, ela achou meio surpreendente e engraçado. "Tudo é da Zara, minha loja favorita", ela respondeu.

Os novos papéis que as mulheres têm assumido em nossa sociedade globalizada são uma realidade que tem mudado profundamente nossas maneiras de pensar e viver. É a moda que precisa se adequar a essa nova realidade, não o contrário. Obviamente, em contraste ao materialismo chamativo que caraterizou os anos 1980, a primeira década do novo milênio tem se distinguido por um estilo confortável e minimalista de se vestir, que notadamente destaca a simplicidade e a praticidade. Nesse clima em que o *básico* domina, uma boa relação custo-benefício é crucial. "Com um preço desses, posso vestir essa roupa por uma estação inteira e depois descartá-la."

Num piscar de olhos, eis que surge, em meio aos escombros do sistema tradicional da moda, uma nova forma de compreender as vestimentas, que combina muito mais harmoniosamente com os tempos atuais. O mundo da moda move bilhões de dólares nas grandes capitais do mundo Ocidental. Graças à fórmula de eficiência na distribuição, a aspiração universal (e louvável) das mulheres de parecer atraentes agora é possível a um custo razoável para a maioria. Quando a Zara é acusada de não ter trazido nada de novo ao mundo da moda, a resposta mais precisa é que o que ela realmente criou foi uma nova maneira de se entender a moda e um diferente modelo de negócios.

A moda é o mecanismo por trás de grandes impérios financeiros; cria milhares de empregos, reforçando a imagem do país onde foi desenvolvida. Tem sido há bastante tempo um reflexo acurado daquilo que acontece na sociedade. Todos conhecemos o comentário feito pelo autor francês, Anatole France, que disse que se voltasse à terra cem anos após a sua morte, pediria para ver uma revista de moda para se orientar. Ele dizia que a maneira de se vestir e os estilos de vida mostrados nessas publicações são sempre os melhores indicadores do que é atual na sociedade, em qualquer época.

Se quisermos analisar o que a moda significa hoje, precisamos observar o que está havendo em outras áreas do conhecimento – política, economia, sociologia – e adaptá-las ao contexto da globalização na qual vivemos nesse novo milênio. Esta é a única maneira para entender a aurora de uma empresa de tamanhas proporções e com as características apresentadas pela Zara, agora comodamente estabelecida nos cinco continentes.

Numa dimensão cada vez maior, a moda não é só aquilo que vestimos ou seguir as últimas tendências, mas tudo o que nos cerca. É a inovação e a direção para a qual estamos nos movendo. Hoje em dia, nada é imposto; em vez disso, as coisas são oferecidas para nós. Não mais viramos as costas para a última moda; ao invés disso, podemos nos permitir vê-las como algo frívolo. Ser dominado pelo poder que tem uma moda trivial nos alerta ao perigo de acabarmos tolamente copiando ou adotando a uniformidade pouco inteligente na hora de nos vestirmos ou na maneira com que vivemos. Precisamos lutar para encontrarmos nossas próprias identidades, e a criatividade individual tem um papel importante nesse processo. Nós, mulheres, somos uma legião que vestimos peças básicas da Zara para criar uma mistura infindável de *looks* diferentes por meio de um acessório ou uma combinação pouco comum de roupas. A porta de entrada está se abrindo para a moda *à la carte*.

Enrique Loewe, um especialista no assunto, costumava dizer num curso na ISEM Fashion Business School que "a moda envolve o luxo de nos olharmos no espelho e poder escolher o que quisermos ser, decidindo nossa própria imagem. Não é uma questão de o que queremos representar na vida, mas o que queremos ser, uma clara exibição de autenticidade. Diante das milhares de opções que vemos nas passarelas e nas revistas, na internet ou na televisão, a fórmula não é aquela de *ter* muitas coisas, mas a de poder *ser* muitas coisas: ser capaz de construir espaços criativos onde cada indivíduo encontra sua própria personalidade, busca novas ideias, onde podemos apostar em nós mesmos e transmitir uma estética pessoal."

Será possível que essa foi uma das razões para Amancio Ortega ter se lançado a estabelecer as pedras basilares da empresa, que hoje domina o mercado mundial, inaugurando a loja de número 4.000 (incluindo as nove marcas) em setembro de 2008, em Tóquio? O fundador da Inditex teve um palpite, que logo se tornou uma convicção, de que uma nova cultura da moda estava tomando forma? Sua história, como vimos no capítulo anterior, começou em 1975 com a primeira loja da Zara em La Coruña. A expansão internacional ocorreu em meados dos anos 1980. Isso aconteceu quando o mundo ainda estava sob a influência da ostentação, liderada pelos valores do capitalismo liberal e pelos valores do mercado livre, quando passos gigantes eram dados na direção do puro e frio consumismo.

Como Inmaculada Urrea afirma em sua análise do século XX[1], "o culto ao dinheiro tornou-se o tema da década, marcada por pós-modernismo, *design*, altas tecnologias e *yuppies* que demonstravam uma real obsessão por imagem e aparências. Céticos, materialistas e hedonistas queriam fazer dinheiro o mais rápido possível, pois assim poderiam aproveitar uma vida fácil de ostentação e luxo, favorecendo o renascimento de empresas históricas nos mundos da moda e dos acessórios." A década viu reaparecer a marca Chanel, sob o comando de Karl Lagerfeld, e a Armani vestindo executivos com um *look* de elegância atemporal. As passarelas eram dominadas pelo luxo e pela elaboração. Mas esses também foram os anos em que, talvez na contramão desse movimento, o

---

[1] Desvistiendo el siglo XX [Desvestindo o século XX], Eiunsa, Madrid, 1999. (N.A.)

conceito de moda prática emergiu, com a meta de vestir a consumidora como ela quisesse. Foi nesse momento em que as roupas da Zara começaram a ter grande aceitação, expandindo-se por toda a Espanha. Por volta de 1985, quando a expansão em nosso país clamava por uma estrutura mais sólida, a Inditex foi instalada para liderar o grupo de empresas.

"Ser um homem de negócios só para ficar rico é perda de tempo"

Amancio ainda vai trabalhar todos os dias, como o fez durante toda sua vida, embora agora ele chegue em Arteixo lá pelas 11h da manhã, em vez de 9h, como costumava fazer. Sua lucidez quanto à essência e o futuro da companhia lá atrás, quando ela era composta apenas por algumas pessoas sem dinheiro, é um fator crucial para compreender o fenômeno da Inditex. Um dos dez maiores executivos da empresa, Antonio Abril, que trabalha na companhia desde 1989, diz que, se quer ter uma exata percepção deste fenômeno, é preciso enxergar pelos olhos do presidente. Essa opinião é comum a muitos dentro das fábricas, oficinas e lojas, sem falar nos diretores das várias marcas com quem falei. A Inditex não pode ser compreendida sem Amancio Ortega. Eu iria além; nada do que aconteceu pode ser explicado sem a figura desse indivíduo, o personagem principal da empresa que mexeu com pensadores, técnicos, analistas e até mesmo com um vencedor de Prêmio Nobel. O que esse visionário conquistou não foi somente uma série de êxitos devido a golpes de sorte e horas de trabalho duro usando seu cérebro poderoso, mas algo muito maior.

A conclusão que cheguei, após um longo período tentando entender Amancio Ortega e ouvindo opiniões e relatos daqueles que o conheceram e trabalharam com ele, é que cada era produz gênios desse tipo. O tipo que ocupa uma determinada posição e, depois deles, tudo fica diferente. Discuti essa ideia com Antonio Abril, um homem com uma excelente reputação nos círculos profissionais nos quais trabalha, e ele foi obrigado a concordar. De fato, ele reforçou minha ideia, dizendo que isso aconteceu com pessoas como Leonardo Da Vinci nas artes, Aristóteles na metafísica, São Tomás de Aquino na teologia e Cristóvão Colombo que, embora tentasse encontrar uma rota para a Ásia, acabou chegando até as Américas, abrindo caminhos para a exploração e colonização.

Sem precisar expandir tanto assim nossos horizontes, poderíamos igualmente encontrar pessoas nos nossos círculos, como Ramón Areces, fundador da El Corte Inglés, a loja de departamento espanhola, ou Tomás Pascual da companhia leiteira espanhola Grupo Leche Pascual, admirado pelo próprio Ortega por ser um tipo muito especial de homem de negócios, nunca contente a ponto de ficar à sombra de suas conquistas. Ele sempre procurou ir além, assim como Amancio e, por essa razão, os dois tornaram-se bons amigos. Sua viúva, Pilar, disse-me que certa vez, quando os dois se conheceram, pouco antes da morte do marido, ele voltou a Madri muito impressionado, pois Amancio lhe contou que podia ver claramente suas prioridades na vida. "Ser um homem de negócios só para ficar rico é perda de tempo. Quando se ganha tanto dinheiro como nós, é óbvio que não passaremos mais necessidade alguma. Para mim, o dinheiro tem apenas um propósito. Existe para saber que suas metas foram alcançadas. E por intermédio desse êxito, servirá para ajudar muitos outros que dependem de nós para sustentar suas vidas." Pilar, sem dúvida uma profunda admiradora, acrescentou outra coisa do ponto de vista feminino: "Pode ser que ele não saiba o que realizou, além de ganhar muito dinheiro, mas muitas pessoas sem condições de se vestir bem, hoje se sentem menos inferiores em suas vidas cotidianas, já que, graças à Zara, estar bem vestido é algo que está ao alcance de uma parcela muito maior da população."

Juntamente com esse dom especial que Amancio possui – uma mistura de intuição, inteligência natural, a habilidade de estar cercado por pessoas capazes de realizar suas ideias, além de não parar de trabalhar por nem um dia sequer –, outro membro de sua equipe me disse que Deus o agraciou com uma força física e mental capazes de conduzir sua empresa a resultados espetaculares, apesar de, por muitos anos, seu perfil ser aparentemente atípico. Quando começou, não havia "cargos" específicos na Inditex. Da mesma forma que Amancio não tinha "mesa e cadeira", as pessoas que trabalhavam com ele sabiam quais eram suas funções, mas não detinham grandes títulos. Seu braço direito na empresa, o professor de Economia da Universidade de La Coruña, José María Castellano, ficou empolgado com o projeto. Quando começou a trabalhar na Inditex, ele era responsável pelo financeiro e, mais tarde, se transformou em Diretor Geral. A irmã de Ortega, Josefa, conhecida como Pepita, que havia trabalhado na GOA, era outro pilar da empresa, responsável pelos ativos líquidos e por uma área que hoje chamaríamos de recursos humanos. Ela era sempre a alma mais doce da casa.

Já bem no início de sua aventura, Amancio tinha claro em sua cabeça que era sua missão ser o líder da companhia; isso significava que ele seria diretamente responsável pelos aspectos comerciais, que achava muito empolgantes. Afinal de contas, ele tinha uma visão desse setor com uma clareza fora do comum. Isso se aplicava não apenas ao lado têxtil, mas também quanto aos imóveis a serem adquiridos, o que foi uma parte fundamental no desenvolvimento da empresa. "Sou um arquiteto frustrado. Adoro projetos e tenho facilidade em lê-los e interpretá-los. Nunca deixo um único detalhe passar desapercebido. Desde o projeto inicial já fico querendo mover as paredes do lugar e delimitar os espaços. São nas lojas onde eu realmente vivo, e as lojas são o coração da Inditex. Eu me entrego de corpo e alma na criação de cada uma delas, desde a primeira em La Coruña, até essas últimas que estão sendo abertas na Ásia e nos Emirados Árabes Unidos, embora, naturalmente, eu delegue cada vez mais às pessoas encarregadas pelos departamentos em questão."

Na realidade, quando se tratou de expansão internacional, ele dependeu largamente de Fernando Martínez, seu Chefe de Expansão Internacional, com quem por anos dividiu a função de encontrar e adquirir as melhores propriedades. Ele tem orgulho de viajar pelas capitais mundiais, de Santiago do Chile a Estocolmo via Dubai, Xangai ou Rio de Janeiro, e ver-se diante de um prédio magnífico que exibe a palavra mágica Zara. As vitrines revelam o que acontece dentro dessas lojas, que quase sempre estão lotadas. Mesmo em épocas de crise, elas atraem a atenção do público com aquele toque especial gravado nas vitrines do interior da loja. Toda essa atmosfera é criada por um grupo de artistas que trabalha no andar térreo em Arteixo, ao lado de uma passagem onde se estabeleceram as verdadeiras lojas piloto. Foi lá que começaram a criar o estilo inconfundível que existe em cada loja.

Amancio insiste que delegou muitas das tarefas que pertenciam a ele no início, e é verdade; mas o fato continua a ser que sua opinião – uma palavra ou mesmo um gesto, pode causar um pequeno turbilhão. Todo mundo respeita seu ponto de vista, porque foi isso que os tornou vencedores em qualquer canto do mundo. Ele reconhece isso e também sabe que é sua responsabilidade manter a essência da empresa. "Há não muito tempo, fiquei surpreso ao ver que em uma das unidades piloto havia uns manequins dispostos de um jeito que não se encaixava aos padrões de nossas lojas. Rapidamente, chamei a pessoa responsável por arrumar as vitrines e mostrei esse problema. Fiquei preocupado, pois ele precisava ver que aquilo, realmente, era uma ameaça não apenas àquela loja em especial, mas para a Inditex como um todo; exibir um visual que não combinava com nossa filosofia. Seria muito contraproducente começar a perder nosso nicho de mercado."

Ortega ainda é a única pessoa que sabe os meandros de seu negócio em seus mínimos detalhes; alguém que sempre está por perto, caminhando nas sombras, mas com uma personalidade forte, uma personalidade que não negligencia nem um fator, por mais trivial que possa parecer, e alguém que harmoniza perfeitamente firmeza e tenacidade com uma abordagem amigável e aberta, acima de tudo, quando se trata do que seus funcionários têm a dizer a ele.

Ortega também recebeu um apoio extraordinário de José María González Quintián, seu Gestor de Recursos Humanos. Ele é uma das figuras essenciais na empresa cujo trabalho fiel Amancio recompensou com apropriados pacotes de ações, assim como o fez com Fernando Martínez. São boas pessoas com uma filosofia muito simples: busca por excelência. Amancio é genuinamente obcecado pela ideia de tornar o mais perfeito possível tudo aquilo que toca, porém tendo em mente suas limitações e fraquezas, percebendo o que pode ou não fazer. Ele aceita o fato de que é impossível para ele saber de tudo, portanto é uma autoridade nos campos em que tem conhecimento. A forma com que ele trabalha tem uma grande vantagem – age como uma catapulta para se livrar dos incompetentes. Ao menos, essa foi a conclusão a que cheguei depois de falar com seu pessoal.

González Quintián conhece a empresa e seu presidente como a palma da mão. Quando falei com ele, insistiu na ideia de que só se pode compreender a Inditex se você estudar a forma de operar de Ortega, já que sua grande força e, de fato, seu grande segredo, é a maneira com que dirige toda a organização. Ele utiliza uma mistura de autoridade e poder com conhecimento e paixão. Quando tento comparar as opiniões dos que trabalham na equipe dele com as do próprio Amancio, a resposta dele é mais ou menos a mesma: "É preciso deixar que as pessoas tenham uma genuína independência. Essa é a chave. Também tem que olhar de perto as equipes e tomar decisões junto com eles". Não importa que alguns estejam em maior evidência, porque ocupam cargos mais expostos ao público; ele se refere às centenas de empregados, em todos os níveis, que compõem esse grande time de profissionais.

Alguns meses atrás, o Diretor de Recursos Humanos da Inditex por um curto período, Jesús Vega, disse na revista *Expansión* que quando Ortega o contratou, deu-lhe um conselho sobre seu trabalho, resumido numa pequena frase: "Você precisa gostar de pessoas". Esse foco no ser humano é uma das partes mais profundas de sua filosofia. Outra parte é permanecer próximo, fisicamente, de seus times. Nem uma das pessoas com quem falei deixou de enfatizar essa faceta dele.

Pode-se afirmar categoricamente que o ambiente de trabalho de Amancio é seu prédio em Arteixo. Para ser mais preciso, pode-se dizer que é lá onde fica o grande salão onde se encontram a equipe comercial e os estilistas. Ali ele passa horas intermináveis trabalhando nos diversos setores, expressando sua simples visão e uma ideia básica: "No *design*, o mundo olha para a Europa. Os estilistas europeus são jovens e cresceram num mundo globalizado. Eles precisam ter consciência de que se vestir é algo universal, porque o cliente é universal. Não desenhamos roupas para oitenta países diferentes; desenhamos o mesmo tipo de roupa para oitenta países. Isso significa que o produto precisa ser impecável. Estamos vendendo uma cultura da moda que abrange todas as cadeias e diferentes marcas". Tive a oportunidade de ouvi-lo expressar essa ideia nessas poucas palavras em mais de uma ocasião. Há apenas alguns meses, ele falou isso para um grupo de palestrantes de faculdades de Administração, num encontro na Inditex. É a bandeira que ele levanta sempre que alguém pergunta qual é o segredo de seu sucesso.

O ritmo de trabalho é indefinível numa empresa que abre uma nova loja a cada dia. "Tudo tem que ser feito para ontem, pois amanhã pode ser tarde demais", disse-me Antonio Abril, um homem bastante tranquilo, apesar de conviver com uma agenda de, ao menos, cinco voos semanais a diferentes cidades, para resolver problemas que são tão urgentes quanto complexos. O trabalho de um secretário-geral como Antonio é basicamente jurídico, focando-se principalmente nos contratos das lojas, e isso tem crescido a uma velocidade estonteante. "Ortega fica empolgado em manter o crescimento, pois ele provou que o produto vende e, como haveria de ser, possui uma enorme ambição, o que é bastante lógico e saudável. Ele não se abalava por reuniões externas em que, no fim, pouco se decidia. Sabia que tinha sob controle a fórmula para o sucesso imediato e não hesitava em colocá-la em prática na mesma velocidade em que o mercado crescia."

"O crescimento é um mecanismo de sobrevivência", Amancio uma vez me disse. A convicção é um dos estímulos que o impulsiona.

Abril concordou que a maneira com que as fábricas e os centros de distribuição têm crescido também é um mecanismo. Se não houver capacidade para pessoal adicional, não há flexibilidade. Ortega opera alicerçado numa estrutura que o enche de certezas em qualquer coisa que estiver fazendo. "Nós possuímos a fórmula, portanto temos que usá-la", ele gosta de dizer.

E está absolutamente certo. É fato que ele não obteve um diploma universitário e jamais entrou numa aula de MBA, mas nunca teve dúvida quanto à essência do seu trabalho. Tudo que sabe, ensinou a si mesmo e isso lhe deu convicção de que era capaz de enxergar de que maneira seu negócio funcionava. Seus colegas de confiança, que passaram anos ao seu lado, admiram-no por essa qualidade única. Quando fala a respeito de seus primeiros anos à frente da GOA, isso é o que ele diz: "Quando começamos com aqueles famosos roupões acolchoados de que todo mundo fala, costumávamos vender para revendedores. Por fim, ficava insatisfeito com aquilo. Não podíamos vender um lindo vestido, por mais bonito que fosse, se o que o consumidor estava pedindo naquele exato momento era outra coisa. Eu estava convencido de que precisava ter um olho sobre o consumidor e, ao mesmo tempo, estar próximo dele – mas só chegaria lá se pudesse vender diretamente ao cliente. Também tinha certeza de que ninguém compra só pelo preço. A primeira coisa que as pessoas querem é gostar do que estão comprando. O produto precisa ser ideal. Essa é a chave."

Esse treinamento, o qual ele nunca abandonou, mesmo durante seu período de grande sucesso, significa que Amancio sempre ouve seu pessoal; agradece-os quando lhe mostram como ele se equivocou e como corrigir tal erro. Já em assuntos de negócios, ele repete, "a única pessoa que conhece completamente esta empresa sou eu".

Algo que todos que estiveram com ele, desde o surgimento dessa grande companhia, afirmam que durante os anos iniciais – os mais difíceis, quando quase não havia capital – ele nunca viu o dinheiro como um problema. "Se é verdade que fiz tanta fortuna, isso é porque ganhar dinheiro nunca foi minha meta", ele me contou há alguns meses. "Vou ainda além; na minha opinião, alguém interessado apenas em ganhar dinheiro não é um verdadeiro homem de negócios."

No que tange seus temas prediletos – produtos e lojas –, é de extrema importância para os negócios o estilo proativo de Amancio para tomar decisões. Frequentemente, são decisões arriscadas avaliadas com o decorrer do tempo, como é o caso da abertura da loja na Cidade do México. A decisão foi somente dele e acabou se tornando um de seus maiores sucessos.

Atualmente, a maioria das lojas é alugada, como citamos anteriormente. "No passado, eu costumava ir pessoalmente, assim poderia conhecer a cidade, a loja e o país. Sempre se deve querer o que há de melhor, pois a loja é o coração da empresa; é a protagonista nesta companhia. Houve lugares no mundo em que preferi ficar numa localização melhor, pois, não obstante o alto valor dos pontos, posso obter mais lucros se estiver no lugar certo."

Como exemplo dessa sua maneira de examinar esse aspecto, lembro-me de que em uma de minhas conversas com Antonio Abril, o secretário-geral da Inditex desde 1989, ele me contou sobre uma viagem que fez a Israel ao lado de Ortega para conhecer aquele mercado em potencial. "Ele queria passear pelas ruas, ver o que as mulheres estavam vestindo lá, como elas viviam. Passamos três dias só absorvendo a atmosfera. Ele queria estar certo e se esforçou ao máximo para se certificar disso.

"Finalmente, dedicamos um dia inteiro para visitar locais sagrados. Você precisava ver a emoção e a aceitação expressadas por Ortega ao ajoelhar-se no Santo Sepulcro. Ele possui crenças bastante profundas. Quando viajamos de volta para Santiago, no avião da empresa, fui direto para casa e ele foi direto para a fábrica, pois, como ele mesmo diz, 'nunca voltei para casa antes das 22h'. Hoje em dia, ele viaja muito menos, mas ainda se mantém informado sobre tudo o que acontece, até mesmo nos lugares mais distantes. Quando alguém da equipe, seja do alto escalão ou não, chega de alguma nova cidade ou país, vê-se inquirido minuciosamente sobre o que está vendendo, por que, como e assim por diante. Graças a tudo isso, Amancio é capaz de dizer que 'a companhia está sempre em evolução. É a empresa mais legal do mundo.'"

Para resumir a chave do sucesso de Ortega em poucas palavras, "é preciso intensificar a coordenação entre as áreas comercial e de *design*. Vamos expandir de doze mil metros quadrados para vinte e quatro mil o local destinado ao *design*. Ninguém no mundo ousaria dobrar essa área".

Quando a expansão se transforma numa explosão

Em 1979, ele fundiu todas as suas empresas sob a bandeira Inditex. Durante os anos 1980, ele havia levado suas lojas para todas as partes da Espanha e, antes do fim da década, teve a audácia de competir nas capitais da moda no mundo, expandindo para Paris e cruzando o Atlântico para abrir lojas em Nova York.

Nos anos 1990, no compasso do movimento de globalização que estava apenas começando, sua expansão se tornou uma explosão. A Zara apareceu nas maiores cidades da Europa, no Extremo Oriente e em diversas capitais da América Latina. Atento ao fato de que uma única marca nunca agradaria todos os consumidores, Amancio decidiu não se contentar apenas com a Zara, que tem como público-alvo mulheres de classe média e gera 78% de sua receita. Em 1991, ele criou a Pull & Bear, oferecendo roupas casuais para um público jovem, de menos de vinte e cinco anos de idade. Também comprou uma participação na Massimo Dutti, destinada a consumidores de classe média alta de ambos os sexos e, em cinco anos, adquiriu integralmente a marca. Em 1998, visando atender as necessidades de adolescentes frequentadores de "baladas", nasceu a Bershka, com um estilo *street*, *hip-hop*, divertido, para garotas que não querem se vestir como suas mães ou irmãs mais velhas. No ano seguinte, comprou a Stradivarius para competir com a Bershka, controlando assim duas das maiores marcas do mercado adolescente.

Enquanto isso, Amancio estruturou uma equipe de executivos de alto nível à sua volta, entre os quais o nome do economista José María Castellano imediatamente chama a atenção. Castellano destacou-se como vice-presidente da empresa e trabalhou ao lado de Ortega por trinta anos. Desempenhando um papel igualmente importante, estava seu sobrinho não consanguíneo, Juan Carlos Rodríguez Celebrián, marido de uma das filhas de sua irmã Pepita, que mantinha o cargo de diretor-executivo até alguns anos atrás. Com sua ajuda, Ortega viu-se capaz de dirigir um conjunto de noventa e nove empresas, com as quais a integração vertical completa estava garantida, abrangendo não só as áreas têxtil e de fabricação, mas também logística, *marketing*, construção, imóveis, finanças e geração de energia.

A Inditex é a única das grandes empresas no setor de vestuário com uma completa organização vertical; a GAP e a H&M fazem o *design* e vendem, mas não manufaturam, já a Benetton desenha e manufatura, mas seus pontos de venda pertencem a outros franqueados. Já Ortega, é o detentor de quase todas as propriedades obtidas nos últimos anos, exceto em casos específicos, como na Alemanha e no Japão, onde um sistema de *joint venture* normalmente é utilizado, e em alguns países onde, por razões políticas ou sociológicas, o método de franquia funciona melhor. Conforme o tempo foi passando e a Inditex foi crescendo, ele mudou sua metodologia para estabelecimentos comerciais e agora esses locais são, normalmente, alugados.

Antonio Abril uma vez me disse que a marca Zara se estabeleceu como um fenômeno que não pode ser definido a partir de um ponto de vista puramente econômico. Amancio Ortega criou um modelo empresarial que é estudado em universidades e instituições acadêmicas nas quais ele próprio não teve a oportunidade de estudar. Outras regras de ouro compreendem a integração vertical estruturada; regras que sustentam o modelo e podem ser resumidas em quatro pontos básicos: distribuição eficiente, absorção instantânea das demandas de mercado, velocidade de resposta e inovação tecnológica. De acordo com José Luis Nueno, professor na IESE Business School da Universidade de Navarra, a Inditex aperfeiçoou um moderno modelo de desenvolvimento de coleções diferente daquele no qual são necessários de seis a nove meses para se criar uma. "Em nove meses, muita coisa pode mudar", diz Nueno. "Desde o clima, que vai influenciar na escolha das cores, até uma aparição da Madonna, por exemplo, vestindo uma blusa lilás em vez de uma amarela."

Mas o modelo têxtil galego foi concebido por meio de vários testes, uma sequência de erros e acertos. Sua flexibilidade permite fazer mudanças de última hora, exigidas por clientes, por meio do mesmo sistema de produção que torna possível criar uma coleção em quatro semanas ou, até mesmo, em duas, se for essa a demanda do mercado. "Temos a capacidade de interromper por completo qualquer linha de produção, se não estiver vendendo; podemos tingir as coleções com novas cores e podemos criar estilos em apenas alguns dias." Com esta fórmula aparentemente simples, o próprio Amancio explica o que podemos denominar de "a pedra filosofal do sucesso da Zara".

Num estudo intitulado "Zara, um desafio para o pensamento maduro"[2], o consultor Carlos Herreros de las Cuevas destaca o fato de que, contrário às ideias daqueles que discordam em fazer grandes investimentos na indústria

---

[2] HFC Consultores, S. L., 30 de dezembro de 2002. (N.A.)

manufatureira da confecção (um setor maduro em que se ordenha a vaca e se obtém o máximo de lucro), o processo de produção idealizado por Ortega é fundamental e exige muita mão de obra. De acordo com o autor, o fenômeno Zara rompeu com os antigos moldes e mostrou que negócios maduros em que tudo tem seu lugar não existem – há apenas empresas ou gerentes com mentes limitadas que ainda resistem às inovações.

A Inditex possui o que há de mais avançado em termos de tecnologia, e embora isso exija maiores investimentos, significa que nos primeiros anos eles foram capazes de produzir mais de 50% das coleções em suas próprias fábricas e em cooperativas da Espanha e Portugal. O resto era terceirizado para a região do Magreb e para o Extremo Oriente sob diretrizes claramente definidas. As unidades ultramodernas dos escritórios na Galícia estão conectadas, através de mais de duzentos quilômetros de rotas de acesso subterrâneas, a um centro logístico totalmente automatizado localizado em Arteixo. Dali, caminhões lotados partem para lojas na Europa ou para aviões que se dirigirão para o resto do mundo. Esse processo, combinando informação em tempo real e produção com um eficaz sistema de distribuição, significa que é possível operar com estoque zero e evitar ter que liquidar saldos, gerando um valor agregado que, numa análise final, equilibra os custos.

A estratégia de *marketing* incluiu inovações como "reeducar" o consumidor. Tradicionalmente, o fabricante se certificava de manter altas margens no início da temporada, mas, depois, tolerava vários meses de reduções nos preços para se livrar do estoque remanescente. O consumidor sabe que no fim pode comprar as mesmas roupas a preços menores. O empreendimento de Ortega renova as coleções em suas lojas uma vez por semana ao redor do mundo e duas vezes por semana nas lojas europeias. Os clientes sabem que sempre encontrarão novos itens, mas que também, certamente, não encontrarão mais o que quer que tenham experimentado sete dias antes. Isto quer dizer que se os clientes encontrarem algo de seu gosto, devem comprar imediatamente, pois em alguns dias não mais verão tal item em lugar algum da loja. "A meta é criar um clima de escassez e oportunidade", explica Luis Blanc, um ex-executivo da empresa, pela qual ainda expressa profunda admiração. Esse ambiente resulta no fato de que, na Espanha, os clientes visitam uma loja da Inditex 17 vezes por ano, na média, ao contrário das 3,5 visitas registradas a outras cadeias de moda.

A chave para o sucesso de uma empresa inovadora

Então, qual é a chave para o sucesso de uma empresa? Gostaria de convidar qualquer um que quiser compreender esse fenômeno a ir dar uma olhada na sede do Planeta Zara. As visitas são ininterruptas e os empregados encarregados de explicar como funciona a fábrica de Arteixo dão atenção total aos clientes. Essa é a melhor forma de avaliar a empresa.

São 11h da manhã no bairro industrial de Sabón (em La Coruña), onde a Inditex possui sua sede central, que ocupa uma área igual a quarenta e sete campos de futebol, sem falar nos trinta mil metros quadrados de prédios novos. O carro do presidente acabou de passar pela barreira de segurança do novo "prédio inteligente", o qual acabou de ser concluído, a um custo de nove milhões de euros. "Ele chegou", deduzem os funcionários, na seção feminina da Zara, onde o presidente normalmente passa seu dia de trabalho, se não estiver viajando. Os passos de Amancio Ortega ecoam pelas passagens funcionais e austeras que são desprovidas de qualquer coisa que possa servir como distração ao trabalho. Você ficaria surpreso em descobrir como é alta a porcentagem de homens e mulheres que, sem estudos e sem a ajuda de ninguém, chegaram aos mais altos níveis dentro da empresa. Por exemplo, um ex-motorista de caminhão atualmente é a maior autoridade na área de camisas masculinas. Mesmo assim, o crescimento incontrolável da companhia destruiu parte da familiaridade que já foi uma característica dessa empresa, com seu rosto multinacional e estilo paternalista. Amancio também abdicou do hábito de fazer visitas a Torreiro aos domingos, a Zara mais próxima de sua casa, de frente para o mar, e a loja mais conhecida de todas, em La Coruña.

Os empregados que o conhecem melhor e têm mais contato direto com ele destacam sua intuição, criatividade, habilidade de delegar e encorajar cada indivíduo a assumir responsabilidade por seu próprio trabalho, sua total dedicação à empresa, princípios democráticos e sua capacidade de ouvir. O lado negativo é apontado como sendo sua ambição ilimitada, não a ponto de expressar uma vaidade pessoal, mas que toma a forma de uma obsessão de levar sua empresa, a qualquer custo, ao topo do pódio. Também mencionam sua teimosia e seu hábito de encorajar competições dentro da equipe. Porém, quando forçados a escolher um aspecto de seu caráter, optam por sua aversão ao termo "exclusividade". Ele nunca permitiria que sua equipe – comercial ou de estilistas – colocasse seus interesses pessoais acima dos da empresa. Faz com que eles se sintam obrigados a compartilhar todas as descobertas feitas durante suas viagens a Londres, Tóquio, Nova York ou Índia com todos da equipe, assim como ele próprio o fez por toda a vida. O egoísmo comercial, quase que uma característica das marcas de luxo, foi extinto das lojas em Sabón.

Aqueles que o conhecem, insistem que Amancio Ortega gosta de fazer valer as suas ideias. Se os especialistas são contra a abertura de uma Zara na Venezuela, mas ele está convencido de que precisa ter uma lá, ele acaba adquirindo o imóvel mais caro que já comprou na história da companhia (quarenta e oito milhões de euros). Para aqueles que estudam o fenômeno Inditex a partir de um ângulo empresarial, seu presidente representa o clássico homem de negócios que conquistou tudo com seus próprios esforços, como Rothschild ou Rockefeller, e que baseia seu poder em talento e suor. Esse homem comum trouxe uma visão democrática jamais vista no ramo da cultura da moda.

Ortega devotou sua vida a uma luta contra as aparências, às quais ele não dá a mínima importância. Sua vida é a empresa e sua filosofia de vida é bem conhecida: nos primórdios, o dinheiro era o meio pelo qual a companhia avançava; tudo o que ganhava era investido nela. Hoje em dia, seu foco é mais voltado a manter as famílias que dependem de seus empregos na Inditex. O que Ortega busca realmente é não ficar no meio do caminho na estrada para a excelência. Ele precisa estar satisfeito.

Não possui ostentações em seus gostos, nem quando come nem quando se veste. Tem ojeriza por querer se mostrar, e isso se tornou um aspecto fundamental do sucesso da Inditex. Alguns anos atrás (o narrador riu quando me contou essa história, como se tivesse estado lá), alguém da equipe gerencial comprou um Porsche, enquanto outro havia comprado um barco de pesca bem simples. Numa reunião de trabalho, para não deixar o primeiro empregado, com o qual não tinha muita intimidade, sem graça, ele, de forma jocosa, disse ao segundo membro: "Puxa, temo que você precisará vender o seu barco, pois parece que seremos excluídos do mercado de luxo!" Ortega, é claro, tem um iate muito bonito, o *Valoria*, no qual adora explorar Rías Bajas (rios da região sul de La Coruña), mas ainda não é o tipo de barco que um dos homens mais ricos da Espanha teria comprado. Ele visa estar em paz com sua família, buscando o mesmo estilo de vida de antes.

Para concluir, nas próprias palavras de um empregado que conhece bem Amancio, "ele é uma pessoa de grande encanto pessoal, pois é genuíno. Não toma partidos. É capaz de ser durão, impulsivo e bastante confiante de si mesmo, mas o que se vê é sempre o que se é". Este homem em particular concluiu suas memórias me contando que "após a empresa ter ingressado na bolsa de valores, a fotografia de Ortega foi divulgada na imprensa, então, houve uma tarde em que ele foi ao aeroporto buscar sua esposa, que tinha feito uma viagem. Acabou sendo reconhecido e se sentiu tão envergonhado que teve de esperar por ela no carro".

O presidente da Inditex mistura a grande confiança que possui em seu pessoal com sua ambição pelos negócios. Essa é uma estratégia desafiadora que ele define assim, "construímos uma garagem e, quase que imediatamente, perguntamo-nos por que não erigir mais dois andares para cima".

Não há dúvidas de que, nessa nova cultura da moda do século XXI, um indivíduo como Ortega possui todas as cartas que precisa para vencer o jogo.

4. ORTEGA SEMPRE BUSCOU EXCELÊNCIA

Nem tudo o que aconteceu na vida dele ou na vida da Inditex pode ser contado pelo próprio Amancio. Em sua longa carreira de mais de sessenta anos, há uma quantidade enorme de informações, inclusive muitas situações que podem ser explicadas em maiores detalhes a partir de um ponto de vista bastante pessoal. Em vez disso, isso é explicado pelas pessoas com quem dividiu sua jornada empreendedora e o acompanharam passo a passo. Todas as pessoas com quem falei sobre Amancio Ortega aceitam, indiscutivelmente, o fato de que a realidade da Inditex se funde com a história do fundador. Até recentemente, baseados na lealdade absoluta e no respeito quase reverencial pela função que o presidente deles sempre ocupou, ninguém revelou quaisquer detalhes a respeito de sua vida privada; ninguém se dispôs a falar.

Tudo mudou no dia em que Amancio, tendo expressado confiança em mim e uma amizade inestimável, concordou não só em permitir que eu revelasse parte de nossas conversas neste livro, mas me autorizou também a realizar algumas investigações baseadas em perguntas e conversas com os membros de sua equipe. Eles me traziam mais informação e conhecimento direto à minha percepção da história e vida dele. Sabiamente, Ortega me aconselhou a não criar uma história com uma visão floreada, e me incentivou a buscar diversas outras fontes, "contanto que fossem objetivas, para melhor ou para pior", todas fundamentadas no bom senso. Por exemplo, sugeriu que eu não perdesse meu tempo falando com sua irmã Pepita, "pois, minha querida Pepita me adora. Para ela, eu sou o que tem de melhor. O que mais ela poderia falar? Não, é melhor que converse com pessoas que não serão tão tendenciosas. Melhor

Ortega Sempre Buscou Excelência

deixar de fora as fontes familiares!" Já que minha meta principal é que todos – leitores, a família de Amancio e o próprio homem – possam aproveitar destas páginas da forma mais objetiva, aceitei seu conselho e deixei minhas entrevistas com sua irmã mais velha, Pepita, que esteve com ele nos primeiros anos da aventura, para outra ocasião.

Amancio insistiu para que eu procurasse opiniões imparciais para descrever ele ou qualquer outra pessoa. "Não vai querer que eu fique falando sobre mim ou sobre o que fiz por horas e horas. Você sabe que seria ridículo. Seria bom que fosse atrás de outras pessoas para que elas contassem a você o que elas sabem, pois devem ter estado ao meu lado. E, por favor, não só as coisas boas ou coisas ruins. Faça-os contar a verdade, as coisas que acreditam ser importantes para eles. Você verá que todos explicam os fatos a partir de seus próprios pontos de vista. Ninguém contará uma história de maneira idêntica, pois cada um vê as coisas sob uma determinada ótica. E você perceberá que a Inditex é a história de milhares de pessoas que deixaram suas marcas na empresa." Esse foi o jeito de ele dizer que estava tirando o corpo fora; ficaria em minhas mãos escrever o livro, procurando não cair em extremos.

De maneira bastante inesperada, uma vez que ele deu seu aval ao meu projeto e comunicou seu pessoal que, se quisessem, estavam liberados para falar comigo sem restrições, acabou sendo muito fácil ir até as fontes mais diretas em busca de informação e histórias que iluminariam a forma com que eu via as coisas. A partir dali, comecei a falar com pessoas de todos os níveis da empresa, tentando obter a imagem mais equilibrada de como o império havia se formado. Seguindo a sugestão de Amancio, também falei com uma porção de pessoas que passaram períodos mais curtos ou mais longos ao lado dele e que, por vários motivos, não estavam mais na Inditex. Certamente, não era minha intenção ficar buscando somente elogios para o presidente; ao invés disso, eu queria a opinião sincera daqueles que o acompanharam nos bons e nos maus momentos, que são inevitáveis em qualquer projeto criado por mãos humanas.

"Procuro fazer o que os clientes querem"

Diego Copado, ótimo profissional, diretor de comunicações da empresa há mais de oito anos, contou-me que Amancio ainda era muito jovem quando se tornou um fabricante têxtil em La Coruña. Ele vendia, na época, seu produto a qualquer um que tivesse uma loja na Espanha. Comprava tecido, confeccionava e vendia sua produção, como um atacadista, aos varejistas ou às próprias lojas. Fez isso até perceber que o sistema precisava mudar, já que os clientes, por causa da concorrência que estava começando a crescer, teriam muito mais opções para escolher.

"Vou confeccionar aquilo que acho que os clientes vão querer", disse ele a si mesmo. Aquela decisão, nutrida a partir daquela intuição que surpreende qualquer um que conhece Amancio, foi a semente do grupo empresarial atual. Um ano mais tarde, Copado explicou que a ideia central do sucesso da Inditex é que, em algum momento qualquer, Ortega intui, compreende e parte na direção que acha ser necessária; que o cliente vai possuir um determinado poder que até então não tinha. Embora de início os clientes tenham sido conquistados pelo preço de produtos novos e atraentes, ainda que sem uma visão clara do que estava sendo vendido – o próprio Amancio se deu conta de que não havia um jeito de saber em que daria essa sua política –, Amancio foi um visionário quando chegou o momento de aplicar um modelo ligado aos desejos do cliente. A princípio, ele ficou um passo atrás: "vamos confeccionar alinhados com o que está rolando; se o mercado quer isso, vamos fazer". E assim ele construiu seu negócio, tentando entender e ouvir seus clientes.

Em 1975, ele adaptou seu projeto inteiro a essa visão futurista e ficou totalmente atraído pelo ramo da distribuição, sem saber que nos EUA existia uma empresa chamada GAP. A Espanha era um país completamente diferente na época, ao contrário de hoje em dia em que as comunicações usam todas as mídias disponíveis a nível global. O varejo em massa na Espanha era desconhecido naqueles anos em que Ortega estava estabelecido no noroeste da Península Ibérica. Diz uma lenda na empresa que as bases do negócio acompanhavam a Rodovia Nacional 6, que na ocasião ligava La Coruña a Madri.

Quando chegaram a Madri, abriram uma pequena loja. Foi uma maneira inteligente de crescer, e continuaram a consolidar o modelo, pouco a pouco, com pequenas equipes e sempre em alerta para captar quaisquer dicas que pudessem aprimorar a companhia. Para a mente incansável de Amancio, estava claro que se ele quisesse ser um líder do setor no século XX, o próximo passo seria informatizar a empresa. Rapidamente, percebeu o quanto era essencial dividir seu projeto com profissionais que tinham a experiência e o desejo de serem totalmente envolvidos em áreas técnicas, tal como o gerenciamento. Foi naquele momento que ele tomou os passos mais importantes em sua carreira, admitindo pessoas que não faziam parte do seu círculo familiar.

José María Castellano: "O que Ortega fez jamais poderá ser repetido"

Contratar José María Castellano foi crucial para o desenvolvimento da Inditex. Castellano começou como consultor externo ainda com a GOA, até o momento em que Ortega se deu conta de que a empresa precisava de um diretor geral, com um forte senso de comprometimento com o projeto. O resultado foi uma fusão muito eficaz entre um homem com conhecimentos financeiros e corporativos, capaz de dirigir a companhia em todos os aspectos, com alguém que tinha um senso comercial infalível. Com o passar do tempo, outros profissionais, de diversos outros ramos, foram sendo acrescentados à companhia, mas o básico não havia mudado.

Ortega sempre gostou das ideias mais simples; preferia esclarecer os problemas e decisões para que fossem realizados da maneira mais direta e rápida possível. Não é adepto de exposições técnicas e delongadas. "Para que isto serve?" é sua pergunta de costume. Prefere a abordagem pragmática, outra qualidade que, sem dúvida, foi de grande importância para ele. Castellano também era capaz de se focar nos problemas sob essa ótica, ocasionando a formação de uma equipe que atingiu excelentes resultados.

"Caste", como é conhecido por amigos e por todos com quem trabalhou, foi o braço direito de Ortega por 30 anos. Todos, para quem perguntei, concordaram que ele é um profissional único, um homem de integridade, sensato, trabalhador, incansável e alguém que se juntou à Inditex num momento crucial para se tornar CEO e Vice-Presidente por 20 anos.

Tive a sorte o conhecer e falar com ele em diversas ocasiões. Fizemos refeições ao lado de Amancio Ortega, além de ele também ter lecionado na ISEM Fashion Business School, dando palestras excelentes, não só relacionadas a finanças, mas também na área de Humanidades. Lembro-me da maneira com que os alunos o ouviam; todos queriam saber mais sobre ele, ávidos por respostas mais pessoais, as quais sempre os deixavam com um sorriso no rosto.

Inclusive, chegou a distribuir o cartão dele para que os estudantes pudessem compreender mais de perto o modelo de negócios explicado. Depois dessas aulas, muitos dos alunos fizeram as malas para se dirigirem ao nordeste da Espanha e trabalharem na Inditex.

Não é preciso dizer que José María Castellano sabia o quanto eu estava ansiosa para escrever este livro. Toda vez que nos encontrávamos, ele me perguntava como tudo estava indo, e em seguida me dava uma olhada que misturava ceticismo e ironia quando eu dizia que não era fácil, mas que tinha certeza que, uma hora ou outra, eu o finalizaria. Pelo fato de ele ter um jeito de apoiar bons projetos dos bastidores, eu sabia que teria seu auxílio para convencer Ortega a me dar aprovação total e que ele asseguraria que seu chefe veria as coisas da melhor maneira possível. Algum tempo depois, quando liguei para contar que agora eu tinha autorização para escrever a história real do mecanismo por trás da Inditex, ele ficou extremamente feliz. Naquela época, José María havia saído da empresa e todas as fofocas que envolviam seu departamento estavam agora no passado. Com total convicção, falei que achava ser essencial obter a opinião dele a respeito daquele evento inesperado e controverso com Amancio, apesar da forma com que tudo terminou, que acabou levando-o a sair da empresa onde trabalhou tão duro e colheu tantos frutos. Deixei bem claro que não queria me intrometer em assuntos que pudessem humilhá-lo ou magoá-lo, mas também expliquei que um livro sobre Ortega e a Inditex sem a contribuição de um de seus mais importantes protagonistas, obviamente, faltaria credibilidade.

Sua resposta foi imediata. Ele ficaria encantado em conversar comigo e me parabenizou pela conquista daquela fortaleza que parecia ser impenetrável. "O que aconteceu, aconteceu, e não estou muito interessado em falar sobre isso", foram suas palavras com relação à sua saída. Apoiei totalmente seu ponto de vista, e então combinamos de nos encontrar para ele me contar suas memórias e dar sua opinião sobre a Inditex e Amancio. Tudo seguiu bem. Por duas horas, ele me contou sobre sua experiência, a qual achei muito valiosa e fundamental para uma compreensão da realidade dessa trajetória empresarial que era fora do comum.

"A cultura da Zara existe mesmo. O que Ortega fez jamais poderá ser repetido da mesma maneira. Ele é uma pessoa com uma noção intuitiva e visão de futuro que a história concede a muito poucos. Foi capaz de motivar muita gente a se devotar ao projeto incondicionalmente. Pode ter dado errado para alguns, mas a vida é assim. Quando um curso já está traçado para uma empresa, sempre haverá alguém que não vai compreendê-lo, ou que discordará dele, ou que simplesmente não aceita as metas da empresa como as suas. Isso acontece em qualquer relação, seja humana, política, social, ou o que for. Mas sempre sustentei a posição de que, felizmente, essa companhia gerou somente poucos desagrados, e isso é uma coisa boa.

"Entrei para a empresa em 1974. Não havia nada de difícil ali. Conheci Ortega quando só existiam as fábricas com as quais ele trabalhava; a Zara não existia. Naquela época, ninguém falava em tecnologia em nosso setor – computadores e coisas do tipo eram inexistentes no ramo – e ele estava ávido para arranjar uma boa equipe com essa visão. Era mais um exemplo de seu foco no futuro. Acontece que eu havia trabalhado na IBM e numa companhia de seguros, Aegon, onde eu era o gerente de processamento de dados. Implantamos o System 3, que era bastante moderno na época, então, quando Ortega entrou em contato comigo com a ideia de contratar mais alguém, organizei a equipe de processamento de dados. Criamos para ele um sistema que, naquele período, apesar de ser o melhor que se podia encontrar, era bastante primitivo, igual ao que se encontraria em qualquer lugar do mundo. Porém, foi o embrião daquilo que o grupo estava para se tornar.

"Ortega queria que eu ficasse com ele, mas eu lecionava Economia na Universidade na época, e estava prestes a ocupar uma cátedra, então acabei recusando sua oferta. Mas a pessoa que trabalhava comigo ficou e estruturou o sistema com ele. Continuei como consultor, não apenas no âmbito do processamento de dados, mas em áreas que interligavam a estrutura e as milhares de coisas que estavam surgindo na época, até que por fim me juntei à empresa, em 1984. Naquele tempo, o grupo tinha quatro fábricas: GOA, Sanlor, Fíos e Noite, além de vinte e quatro lojas. A Inditex não existia como empresa até 1988.

"E foi nesse momento que começou outra fase que foi muito importante para o futuro da empresa. Quando Ortega procurou a El Corte Inglés para vender seus produtos, os compradores pediam um tipo de artigo que quando chegasse às ruas, claramente, não seria o que os consumidores iriam querer. Foi por isso que ele começou a pensar em ter suas próprias lojas. Não havia nada de especial na primeira que ele abriu e, acima de tudo, não tinha nada a ver com o atual conceito das lojas Zara. No entanto, não demorou muito para eles começarem a mudar as coisas, com um foco naquela ideia de produção acelerada que se tornou o sucesso do negócio. Inicialmente, tudo era feito nas fábricas que o grupo tinha, mas, à medida que a Zara crescia, começaram a terceirizar em oficinas por toda a Galícia. O corte sempre era feito pelas fábricas e os padrões eram transmitidos para as oficinas. Muitas delas nem mesmo eram oficinas, eram apenas grupos de mulheres em cômodos – alguém costurava as mangas, outra costurava os botões e outra ainda fazia as casas.

"O cerne da questão era se Ortega, que estava acostumado a vender numa loja, permitiria a si mesmo ser guiado por uma intuição que o mostrava como se deveria operar nesse setor. De fato, ele seguiu esse caminho. Mas uma coisa era você ter uma ideia para uma loja, e outra completamente diferente era aplicar a mesma ideia a três mil lojas, em mais de sessenta e nove países e estabelecer oito cadeias – que foi o que fizemos logo em seguida, com todo mundo seguindo as ideias motivacionais dele."

Como se adivinhasse o que eu estava pensando e a óbvia pergunta seguinte de como ele havia conseguido alcançar isso, Castellano explica que um dos segredos do sucesso é que Amancio é, normalmente, aberto a sugestões de qualquer um que saiba mais do que ele em áreas do conhecimento onde ele não sente muita segurança. "Ortega ouve a todos e absorve tudo como uma esponja, assimilando o que os criadores de tendências da moda pensam e as opiniões dos protagonistas no ramo. Saber como um negócio funciona vale mais do que a soma total de qualquer faculdade ou MBA.

"A filosofia da Inditex foi baseada em saber ouvir o que está acontecendo no mundo e, por isso, se tornou tão fantasticamente bem-sucedida. Ortega não sabe apenas ouvir, ele sempre delegou também grande responsabilidade às pessoas que têm contato com os clientes. Sua habilidade de sintetizar as ideias mais complexas como se fossem muito simples é uma qualidade extraordinária e é algo que ele vem fazendo durante toda a vida."

Aproveito a oportunidade para perguntar a José María Castellano o que ele acha que pode ser o coração dos negócios. "Não há dúvidas de que a loja é um fator básico que Ortega sempre viu de maneira inequívoca. Ficar próximo ao cliente foi uma grande vantagem sobre aqueles que falharam em captar as mudanças. Naquele tempo, a moda se focava em apresentar duas coleções tradicionais e bem estruturadas por ano. Ninguém estava interessado nas ruas. Os estilistas não faziam ideia do que os clientes achavam sobre suas coleções, e foi justamente com essa abordagem de se concentrar na moda que a Inditex mudou da água para o vinho. É claro, certamente pode-se fazer isso numa única loja, como já disse. O problema surge quando você quer expandir e repetir esse modelo de negócio. O resultado é um problema organizacional; o problema de migrar da ideologia para a tecnologia. Foi um verdadeiro desafio correr atrás de pessoas e montar equipes que pudessem implementar não apenas a ideia, a filosofia, mas que pudessem manejar a organização e controlá-la em nível mundial, enquanto o modelo de negócio continuava a crescer.

"Ortega nunca falhou em buscar excelência; sempre achou que a empresa vinha em primeiro lugar, e depois todo o resto. Sinto que foi um ponto de partida bastante positivo; a companhia estava sendo cuidada, no sentido de que ele investia nela todo o dinheiro necessário; o que sobrava, era investido em dividendos. Os trabalhadores perceberam que Amancio acreditava neles e na empresa, e, para ajudá-la a crescer, davam todo o seu sangue."

Quando perguntei sobre a lealdade dos empregados, ele me respondeu que a Inditex é "uma empresa de jovens e grande parte dela, no que diz respeito a responsabilidades, foi delegada a eles. É permitido que eles tomem decisões. Se, por exemplo, um gerente de loja fala com alguém do *marketing*, isso acontece porque o pessoal do *marketing* tem o poder de tomar decisões. Em outras empresas do setor, as pessoas que decidem são, geralmente, os proprietários. Aqui, quem decide são funcionários com poder de decisão. Em outras palavras, pessoas que não estão limitadas por controles orçamentários. O que você nunca verá é a ordem "Precisamos adquirir cinquenta mil metros de brim", porque, se a moda da estação não for o *jeans*, é só não comprar. Não há equipe financeira dando ordens para uma equipe comercial; as pessoas que têm preferência na decisão são aqueles que estão em contato com o público. Isso é grande parte do segredo da empresa e explica muito do que aconteceu por lá. Ortega começa dali, de uma loja, e nunca impõe aos consumidores o que eles precisam comprar."

Naturalmente, pedi que Castellano revelasse qual era o seu papel e o de Ortega nas grandes decisões da empresa. A explanação não poderia ter sido mais direta ou franca. "Tudo era negociado com os vários departamentos e, quando se chegava a alguma decisão, cabia a Ortega determinar qual seria a melhor estratégia. Uma vez que o curso a ser seguido era aprovado, Ortega delegava responsabilidades a várias pessoas com a total confiança de que tais decisões seriam postas em ação. Problemas eram colocados na mesa para serem estudados e resolvidos, não para serem incutidos nas pessoas. Lembro-me da vez que o proprietário da empresa Sephora estava empolgado para vendê-la a nós; porém, acabou sendo adquirida pelo grupo LVMH. Ortega e eu estávamos em completa sintonia quanto à importância de comprá-la, mas o resto da empresa não via da mesma forma. Achávamos que poderia ser eficaz combinar roupas com algo mais, mas a maioria achava que isso seria uma distração e que deveríamos continuar investindo na Zara. Presumiam que cosméticos e perfumes eram negócios que nem conhecíamos ou poderíamos gerenciar. O resultado foi que não compramos a empresa. Isso é o que eu chamaria de uma forma de 'flexibilidade inteligente', quando se trata de dirigir um grande negócio que está crescendo rapidamente.

"Decisões de expansão internacional também eram importantes. Os Estados Unidos, por exemplo, não são uma prioridade para a Zara e as outras cadeias do grupo; nunca quisemos que fosse. Foi uma decisão administrativa cuidadosamente pensada. Por um lado, na época, a moeda americana estava bastante forte, e acima de tudo, exceto nas grandes cidades, os clientes americanos estavam acostumados a produtos bem básicos de lugares como a GAP. Eles não tinham o mesmo interesse em moda como em outros países. Estávamos convencidos de que ainda tínhamos muito o que fazer na Europa, e decidimos abrir uma loja modelo em Nova York, mais para firmar a marca, depois abrir três ou quatro lojas por ano nos EUA, enquanto na Europa abriríamos quatrocentas. A Zara era parte de uma cadeia europeia. Havíamos começado com Portugal em 1988, num mercado onde praticamente não existia competição; não havia quaisquer outras redes e víamos grandes possibilidades de crescimento. Da França fomos até a Bélgica, Holanda, Grécia, etc. Amancio não gosta muito de voar, então naquela época ele viajava milhares de quilômetros de carro ou trem. Ele trocava de carro todo ano. Apesar do fato de possuir um avião particular, nunca ficou muito animado em voar, exceto quando precisava fazer isso por razões óbvias, como cruzar o Atlântico ou evitar viagens por terra excessivamente longas, em que muito tempo seria desperdiçado."

Continuo expressando minha curiosidade sobre a divisão de tarefas entre Castellano e Ortega. "Era tudo cuidadosamente arranjado?", questionei. "Ao contrário, tudo acontecia naturalmente. Amancio estava sempre com as atenções voltadas à área comercial, onde, naquele tempo, trabalhavam cerca de duzentos estilistas internacionais abrangendo o mundo todo em busca das últimas tendências e do que os clientes realmente queriam. O número de estilistas, gradativamente, aumentou para cerca de seiscentos; isto me deixou livre para, ao lado dele, poder me dedicar plenamente ao que eu sabia fazer."

Aproveitei a oportunidade para perguntar a Castellano sobre um assunto que mencionei nas páginas iniciais deste livro – as conversas que eles tiveram com Armani. "A empresa de Armani estava à venda e ele a ofereceu para a Inditex. Tivemos várias conversas, mas nenhuma delas foi para a frente, pois tudo o que eles estavam vendendo era a empresa, não o nome, e o produto sem a marca não tinha sentido. Encontramo-nos em diversas situações e chegamos a um consenso de que esse tipo de fórmula poderia arruinar ambas as partes. Apesar de termos conversado com toda a diretoria, a oferta deles era inviável. Agora eles estão conquistando o espaço deles com um grande império familiar e seu futuro é uma incógnita. Também era do conhecimento de todos que tivemos uma oferta na mesa da Loewe, a grande marca de luxo espanhola com uma fantástica tradição e enormes possibilidades, mas só ficaram dando voltas sem chegar a lugar algum. Agora eles têm um excelente CEO, Albert Puyol, e fazem parte da holding LVMH. Nós nunca iríamos deixar a imagem da marca nas mãos de um terceiro, por mais que esse terceiro estivesse bem colocado nos rankings mundiais de artigos de luxo.

"Sempre houve empresas que se puseram à venda e que vieram abordar Ortega, mas a estratégia de uma empresa de luxo é diferente de uma varejista. É preciso permanecer com a mente direcionada e manter suas metas bem claras para não dispersar da sua própria linha de pensamento nos negócios. Isto não significa que não damos umas espiadinhas por aí para nos aprimorarmos, mas não se deve perder contato com o DNA de sua própria empresa. Um dos grandes objetivos de Amancio era que o mundo todo pudesse se vestir bem. Então, para que se envolver em negócios que não teriam nada a ver com o nosso? Manter a calma, aplicar padrões máximos de qualidade e correr atrás de metas ambiciosas foi o que sempre nos manteve na direção certa."

Comento a José María Castellano que, de fora, parece que eles nunca acharam ser melhores do que ninguém, e que sempre aceitaram o sucesso da concorrência. "Tudo o que posso dizer é que me via como um homem muito sortudo. Sorte é importante em tudo o que você faz nessa vida, junto com fatores como talento, trabalho árduo e assim por diante. Qualquer um que não acredite na sorte deveria assistir ao filme *Match Point*. Amancio nunca acreditou ser único. Ele é humilde, inteligente, trabalhador e nunca quis expandir seu círculo de amizade. Nunca ficamos chamando a atenção dos outros, nem na vida pessoal nem na profissional. E é mais difícil manter-se indiferente, rejeitando a ostentação, numa cidade pequena do que numa metrópole. Em Madri, por exemplo, uma empresa como a Inditex fica diluída em meio a tantas outras do mesmo calibre, enquanto numa cidade pequena é impossível não se ver como um general ditando ordens, pois existem poucos nessa mesma situação. Você pode acabar pensando que é o rei do mundo, quando, na verdade, não é. Graças ao fato de que precisávamos nos deslocar e viajar bastante, conseguimos nos manter iguais aos outros, em vez de parecermos alienígenas em nossa própria cidade natal."

No que se refere ao futuro da Inditex, o antigo CEO é da opinião de que "a entrada da empresa na Bolsa foi realizada para que haja um grupo estabelecido para o dia em que Ortega não puder mais controlar as atividades cotidianas. Foi positivo: o gerenciamento da empresa foi melhorado; uma forma de disciplina foi imposta dentro de diretrizes determinadas. Não, não estou preocupado com o futuro. Do ponto de vista familiar, imagino que a filha de Ortega assumirá a direção, embora ele continue no controle por trás, pois é o tipo de homem que morrerá com um olho aberto. A empresa é a sua vida."

Fiquei intrigada para descobrir a gênese das situações que se tornaram casos de estudo nas faculdades de Administração em nível internacional. Para Castellano, "a explicação é óbvia. Achei que, por causa da política singela que estava sendo aplicada até o momento, quando introduzíssemos a empresa na Bolsa, ninguém iria saber quem éramos. Os casos de estudo ofereceram meios para que potenciais investidores pudessem nos conhecer. O caso de Harvard, por exemplo, foi comprado por dois milhões de pessoas. O Wal-Mart detinha o recorde com um milhão. Isso ajudou muito a sermos reconhecidos no mundo dos negócios."

Quando perguntei por que só existe mais uma marca com o mesmo nome, Zara Home, ele me disse o seguinte, "cuidar do nome Zara foi crucial. Se a marca mais importante – aquela que a empresa gira em torno – é complementada com mais uma palavra, e você lança uma que falha, acaba gerando um desastre que arrasta o nome principal com ela. Além do fato de que não é bom repetir muitas vezes um mesmo nome."

Comento que muitas histórias equivocadas foram contadas a respeito da Inditex (assim como sobre outras empresas), tal como aquela sobre a exploração de seus trabalhadores. Segundo Castellano, "tem muita gente que fala por falar. Teve uma vez que o Fraga [Manuel Fraga, político galego, pai da Constituição espanhola de 1978 e fundador do Partido Popular] ligou para mim e disse: 'Estive falando com Jordi Pujol [outro político galego] e ele me perguntou qual era a relação que havia entre a Zara e as drogas'. Lembro que era um típico domingo na Galícia e chovia a cântaros. Eu disse: 'Vou pedir que faça uma coisa por mim. Ligue para o Sr. Pujol e lhe diga que Ortega e eu gostaríamos de falar com ele'. Ele telefonou e nós dois fomos visitá-lo. Pujol, então, cometeu outro erro, pois me confundiu com Ortega. 'Você fala', Ortega me disse antes, e o Membro Honorável do Parlamento Catalão achou que eu era o chefe. A famosa fotografia de Ortega ainda não havia sido publicada. Explicamos bem toda a situação.

"É um pouco triste que, quando uma empresa cresce muito e se torna bem-sucedida, ninguém está interessado em saber a verdade sobre ela: que chegou onde chegou devido ao bom e árduo trabalho de todos. É fácil inventar histórias e espalhar todo tipo de lorota sobre drogas e cargueiros em alto-mar... Quanto à exploração de trabalhadores, foi só mais um dentre os inúmeros rumores sem embasamento que circulam sobre os vencedores. Ninguém jamais fez outra coisa na Inditex senão trabalhar. Muita gente aprendeu bastante, muita gente encontrou várias oportunidades. A empresa se arriscou ao investir nela mesma, pois acreditávamos no que estávamos fazendo e trabalhávamos com inteligência, esforço e sobriedade. Os proprietários viviam como qualquer família modesta, pois não investiam em luxos."

Castellano ainda acha que a Zara deveria abrir uma escola para ensinar outras pessoas do setor. O sistema que ele inventou é impressionante, mas precisa evoluir. Sua conclusão é: "Só se pode dizer coisas positivas sobre Amancio. Após termos trabalhado juntos por 31 anos, ainda insisto que a confiança que ele depositou em mim foi absoluta. Foi um homem que me ajudou a compreender diversas coisas importantes, inclusive o fato de que a inteligência é o que nos leva a apreciar a beleza. Só posso desejar a ele coisas boas."

"Amancio é um bom homem de negócios"

Dias depois, retomei novamente minhas conversas com Diego Copado, o Diretor de Comunicação, que, como disse antes, trabalhava numa empresa cuja marca mais representativa, Zara, anuncia apenas uma página de propaganda em época de liquidação. É um homem que já está fora da empresa, mas conhece muito bem Ortega, a quem analisa com perspectiva e objetividade.

"Amancio é um bom homem de negócios, uma pessoa muito intuitiva e aberto a todos que estão à sua volta. Sabe muito bem o que quer, não porque sempre está saindo, vendo o que está acontecendo nas ruas, mas porque é muito consciente do que pensa a companhia e está cercado de pessoas jovens bastante envolvidas em mudanças sociais. Ortega é muito observador, ouve tudo, por via de regra, de uma maneira premeditada. Essa é uma grande qualidade. Não é o tipo de homem que tem medo de perder a vitalidade devido ao crescimento contínuo; nunca é pego de surpresa. Está muito atento ao fato de que um negócio como a distribuição, particularmente no ramo da moda, precisa estar conectado com o que está acontecendo. A memória mais forte que tenho é de alguém sempre acessível, ao mesmo tempo que é o presidente da empresa."

Como sempre, quis saber o que mais atrai a atenção de Ortega quando o assunto é a contratação de gente nova. Copado me disse que "ele tem uma filosofia de que nunca se deve deixar uma pessoa ancorada. Em todos os setores da empresa sempre existe muita rotação, e ele vê isso como algo positivo. Sempre está aberto ao novo, enriquecer aceitando novos valores, considerar o que os jovens entre vinte e trinta anos têm a lhe dizer. Comercialmente, sempre busca personalidades inquietas, pessoas que questionam as coisas e veem além do óbvio; pessoas que contribuem com novas iniciativas. Um dos principais valores da Inditex é exatamente a habilidade de atuar fora da zona de conforto."

Com relação ao modelo de negócio, Copado acredita que "nada foi inventado. Ortega tem sido um observador que rejeita todo tipo de limitações. Meu trabalho era vender numa companhia que, no início de 1988, era infinitamente menor em relação a grande companhia que é hoje. Parecia mais um pequeno negócio familiar. O mercado da moda era muito diferente naquela época. Tudo se passava em apenas seis países e, embora o cenário internacional já tivesse dado sinais de progresso, ainda tínhamos uma longa jornada até nos tornarmos uma empresa internacional. Tínhamos que criar uma marca no âmbito varejista e ainda estava longe o horizonte em que introduziríamos a empresa na Bolsa. Essas eram questões com data marcada que precisaram ser resolvidas com muita seriedade."

Parece que Ortega não estava muito empolgado com a ideia de entrar para a Bolsa de Valores. A ideia primordial que se tem daqueles que estiveram próximos a ele quando isso aconteceu é que esse era um passo que o deixava em dúvida. Ortega é um homem de negócios, um lojista, um homem que conhece seus produtos. Gosta das coisas na sua ordem, e o fato de ser uma companhia de capital aberto o forçou a seguir planos muito estritos. A coisa em si parecia uma ótima ideia; o que não gostava muito era a questão de depender de opiniões externas, e isso o fez avaliar bastante os prós e contras.

Havia certas questões que precisavam ser esclarecidas acima de quaisquer vicissitudes cotidianas: a sucessão e o futuro do grupo. Certas peculiaridades existiam em termos da estrutura do capital, o que envolvia sua ex-mulher e os principais acionistas, os quais eram quase todos membros da família. Introduzir a empresa na Bolsa significava que outras formas de financiar o futuro da empresa seriam encontradas e o projeto estaria protegido. Se tudo fosse feito direito, garantiria que a empresa fosse levada a um novo nível de profissionalismo. Quando foi possível ver tudo em retrospectiva, ficou claro que tudo foi, de fato, cautelosamente construído.

"Naquele tempo, Ortega era completamente desconhecido. 'Ele existe ou não?', perguntava a mídia, inclusive a imprensa financeira. Paparazzi espreitavam disfarçados nos arredores de Arteixo, tentando revelar esse homem anônimo. Na ocasião, a divisão de comunicações não existia. De tempos em tempos, apareciam alguns tentando assumir esse departamento, mas só duravam poucos meses. Um jornalista atuava como porta-voz da companhia sem qualquer ideia de seu futuro na empresa. Alguém recomendou a Ortega profissionalizar essa área e meu nome foi levado a ele. Na época, eu trabalhava como consultor. 'Precisamos de alguém, porque não sei nada sobre comunicações. Portanto, daqui em diante, você é essa pessoa.' Foi assim que fui contratado. E assim também começou a crescer meu interesse por Ortega e pela Zara. A Inditex ainda não existia."

Esse ex-diretor me contou que Ortega não gostava de encher sua agenda com coisas que não o interessavam. Como ele acredita no trabalho em equipe e crê que o melhor tipo de comunicação é o feito dentro do âmbito empresarial, compreendeu que uma companhia de distribuição precisava comunicar sua imagem e seu produto. Sabia que as coisas seriam muito diferentes depois da abertura do capital.

"Ortega não gosta de aparecer em público, por isso pesa bastante o que é essencial para ele como gestor e o que pode restringir sua vida privada. Quando chegou o momento, concordou que sua foto fosse difundida para não ser mais um personagem anônimo e sem rosto. Dessa forma, ao menos, acabamos com aquela história do homem que nunca era visto, sobre o qual várias lendas obscuras eram associadas. Mas o fato é que, se alguém prefere não ter sua presença difundida, esse desejo deve ser respeitado."

Quando se trata de projetos empresariais, Copado destaca a clara percepção de Ortega na hora de observar os comportamentos da sociedade, como o fato de que as pessoas começavam a exigir certa liberdade e a transferir suas solicitações aos distribuidores. Também podia prever quais competências estavam por vir e ainda não existiam. "A ideia de que 'as pessoas não fazem isso' nunca foi um argumento que pesou nas decisões de Ortega. 'Podem não fazer isso, mas eu pretendo que façam', ele respondia. Na época, a empresa era uma entidade livre, com uma mente muito aberta. O fato de estar localizada na periferia também foi de muita valia, pois estava livre das restrições encontradas nas grandes capitais. Isso lhes coube muito bem, pois não sentiam aquela tensão de estarem instalados num ambiente empresarial; o negócio não estava sujeito às mesmas pressões que uma empresa em Madri ou Barcelona. Não esbarravam todos os dias com consultores, publicitários, analistas, etc., e se aproveitaram da situação.

"Inicialmente, era um negócio familiar que, quando observado mais de perto, dava para sentir que consistia numa equipe de sucesso; pessoas com um estilo incomum, com muita transparência. Motivava muito ver como trabalhavam, assim como a responsabilidade que lhe era dada. Eram ousados. Não dependiam de esquemas predefinidos."

Perguntei em seguida àquele que havia sido diretor de comunicações se, em sua opinião, Amancio era um superdotado: "Um superdotado que não parou de aprender. Mas se você dedica 90% do seu tempo ao trabalho, deixa de enriquecer em outras áreas da sua vida. No nível empresarial, Ortega é altamente eficiente no ramo da distribuição, ao qual ele dedica 99% de si mesmo; porém, isso pode acabar gerando muitas deficiências em outras áreas. Tudo depende até onde você canaliza uma paixão. A área da distribuição foi muito enriquecida pela paixão de Ortega, pois ele criou um modelo que contribuiu bastante para a sociedade e deu ao setor muito o que pensar. Se Ortega tivesse dado mais ênfase a outros aspectos e não tivesse se devotado tanto à Inditex, então, simplesmente, ele não seria quem é hoje. É uma pessoa que absorve o que há de bom ao seu redor e aplica tudo o que pode em sua vida. Reafirmo que ele leva paixão a tudo que o interessa, e é preciso considerar o que isso significa quando se trabalha com alguém com uma personalidade tão forte. Tal paixão faz com que ele veja o mundo de uma maneira diferente do resto."

Um gênio com a mentalidade de um vendedor

Antonio Camuñas, ex-presidente da Câmara do Comércio Espanhola em Nova York, teve um papel fundamental na vida de Amancio Ortega na época em que a Inditex estava entrando para a Bolsa de Valores. Foi uma época em que a empresa registrava um aumento extraordinário, e a obsessão de Ortega em continuar no anonimato e não aparecer em público estava dando corda para todos os tipos de boatos que poderiam prejudicar seu império. O que Camuñas fez foi essencial, disso não se tem dúvida e, por essa razão, pedi a ele que me explicasse tudo pessoalmente.

Não foi fácil encontrar esse homem de negócios que passa metade da vida num avião e o restante em Manhattan e Madri. Porém, ele deu um jeito de arranjar uma janela em sua agenda e me recebeu calorosamente em seu escritório. Com grande perspicácia e profunda admiração pelo protagonista deste livro, ele soltou as rédeas de sua memória. Forneceu-me um resumo eloquente e bem claro da época. "O trabalho era introduzir personalidades fenomenais dos mundos financeiro, político, econômico ou social para dentro da empresa, depois ordenar a ação-chave e organizar uma refeição cara a cara com o fundador e presidente. Por um período de dez anos ou mais, essas visitas eram arranjadas uma ou duas vezes por mês." Personalidades variadas, desde Felipe González (ex-presidente da Espanha, 1982-1996) a Emilio Botín (presidente do banco Santander) ou Antonio Garrigues (presidente da Garrigues, uma das maiores firmas de advocacia da Espanha), sempre deixavam tais reuniões com a mesma impressão – Ortega é um homem bastante acessível e reservado, ao mesmo tempo que possui um talento absolutamente único para estar rodeado de pessoas extraordinárias.

Com poucas palavras, Camuñas descreveu em algumas palavras o que lembrava das opiniões geradas naqueles jantares fascinantes em que se tratavam uma infinidade de assuntos. Nunca ninguém duvidou de que Ortega fosse uma pessoa com um nível de inteligência natural bem fora do comum e teve uma intuição genial que o levou a transformar sua pequena empresa dos anos 1970 nessa gigante da distribuição têxtil que conhecemos hoje. "Como isso pôde acontecer?", ele se perguntava durante nossa conversa. E o próprio fornecia a resposta: "para mim, a chave foi sua mentalidade de vendedor de loja. Depois de observá-lo durante todos esses anos, minha conclusão é que ele desenvolveu uma sensibilidade extraordinariamente capaz de detectar o que os clientes querem. E a única pessoa que pode fazer algo assim é alguém que teve experiência direta numa loja. Obviamente, a incumbência do proprietário é bem diferente da de um vendedor, pois o proprietário adquire só o que lhe agrada. Este é um importante diferencial quando se trata de compreender a figura desse homem genial, pois o vendedor, que não teve parte nenhuma no processo de compra, tem só um objetivo: vender.

"Na minha opinião, esta é a melhor forma de resumir a história. Inicialmente, ele não tinha influência sobre o que era comprado ou o que havia nos estoques; sua única tarefa era entender o que as pessoas queriam. Essa foi sua escola: observar e aprender, percebendo as mudanças dos gostos e das preferências do público; o que as mulheres mais gostavam, o que agradava as moças ou rapazes, ou qualquer um que aparecesse. Nesse sentido, a Inditex é uma empresa baseada na realidade. Na abertura de cada estação, a Zara lança uma primeira coleção de tendências. A partir dali, começa a observar o que os clientes vão comprar e continua confeccionando apenas o que o mercado quer. Dia após dia, as informações são analisadas para que o público possa ser suprido com o que deseja. Ortega está na vanguarda no campo dos serviços. O que parece incrivelmente simples é nada menos que uma revolução: perceber que o cliente possui expectativas que não devem ser frustradas, lutar para oferecer ao consumidor uma resposta e demonstrar habilidade para supri-lo."

5. INDITEX – EXPANSÃO INTERNACIONAL

Paris, 1990

NUM BELO DIA DE ABRIL, há alguns anos, fui a La Coruña para organizar uma visita à Inditex para um grupo de alunos de MBA da ISEM Fashion Business School. Como sempre, quando tenho a oportunidade, dei um jeito de dar um olá para Amancio, que fica em Arteixo, e aproveitei para mencionar a fantástica contribuição que ele concedeu – indireta, mas fundamental – ao dar os primeiros passos nesse projeto educacional.

Em 2001, quando a ISEM Fashion Business School estava prestes a ser lançada, Ortega me deu dois conselhos que foram fundamentais: deveríamos mirar a excelência desde o primeiro dia e deveríamos pensar bem sobre onde instalaríamos a escola. "Precisa ser em Madri ou Barcelona. Sou a única pessoa que sabe o quanto é difícil arrastar bons profissionais para Finisterra. É claro, tenho consciência de que esta parte do mundo é especial e as pessoas da região dão o máximo de si mesmas. Mas vir para cá e se estabelecer, não é fácil."

Sem perder a expressão calma e séria, ele passou a falar sobre como tudo havia começado e o que havia acontecido até aquele momento, percebendo que sua ideia havia cruzado fronteiras que jamais teria imaginado serem possíveis. A jornada nunca foi fácil. O que hoje pode ser visto como um negócio de liderança superou uma longa sucessão de obstáculos e esforços: milhares de horas de dedicação incansável, exigências inflexíveis, quebra de esquemas etc.

Enquanto Amancio revivia momentos inesquecíveis de sua vida empresarial, cogitei pedir que ele me contasse algo sobre sua carreira internacional, que é reconhecida em toda parte. Nem hesitou. Começou seu relato sem deixar nenhum detalhe de fora. "O dia em que cheguei a Paris, em 1990, pouco tempo depois de abrir a primeira loja, próxima à Place de l'Opéra, dei de cara com um espetáculo digno do prédio que estava atrás de mim. Na capital da moda, naquele mundo que fervilha com ícones do luxo como Dior ou Chanel – nomes que são proferidos em tom de reverência –, um caminho se formava com força surpreendente na direção de uma nova maneira de ver a moda, uma percepção que sempre achei ser possível, ainda que um pouco incompatível com aquele ambiente no berço do *glamour*. Meus esforços estavam voltados para expandir um modelo de negócio que já estava se tornando realidade na Espanha e em Portugal, baseado na melhor relação custo-benefício possível. A inovação, uma revolução no mercado, foi conseguir que pessoas de todos os níveis sociais pudessem se vestir bem. Essa era minha grande aspiração, mas nunca poderia ter imaginado o que estava diante de mim. Quando tentei entrar na primeira loja da capital francesa, não consegui atravessar a barreira sólida de pessoas que se enfileiravam na rua. Fiquei ali parado na porta chorando como um bebê. Não pude disfarçar."

O sonho europeu de Amancio Ortega estava dando passos largos, compensando o trabalho árduo e a disciplina rígida de seu fundador e de todos que sempre acreditaram no projeto. O garoto de um vilarejo perdido na fronteira entre Asturias e León estava transformando um sonho impossível em realidade: estava conquistando Paris – ou, no mínimo, tornando-se reconhecido num ambiente tão requintado, mesmo sem ser um gênio da alta-costura.

O espetáculo de ver pessoas elegantíssimas saindo por aquela porta no Boulevard des Capucines, com um ar de satisfação por terem encontrado o que procuravam para compor seus armários ou para satisfazer o capricho do momento, seria repetido por muitas vezes nas melhores ruas da capital francesa. Esse era um evento raro que logo passaria a se tornar motivo de orgulho, não apenas para Ortega, mas para muitos espanhóis que ainda não se cansaram de ver aquela sacola despretensiosa da Zara, sem qualquer marca de sofisticação, mas com o louvor do reconhecimento global, sendo levada pela Champs Élysées, Avenue Montaigne ou pelo Bairro Latino de Paris.

Nova York, 1989

Aquela situação não era novidade para Amancio, embora o lugar e a experiência fossem únicos. Pouco tempo antes, em 1989, lançou-se a cruzar o Atlântico. Na cidade dos arranha-céus, do caldeirão de culturas e tendências que por muitos anos o coração de Nova York foi e continua sendo, aconteceu algo semelhante ao que viu em Paris no ano seguinte.

Quando me contou essa história, era uma tarde tranquila em Arteixo. Para falar a verdade, são raríssimas as vezes que se tem a impressão de pressa ou ansiedade no escritório central da Inditex. Por isso, conversar com Amancio é sempre inesquecível e uma forma de encarar com serenidade o mundo enorme que é, geralmente, dirigido pelo quartel-general da empresa. Aprende-se muito com a sensação tranquila que sempre acompanha as memórias reverberando em seu cérebro, como a mágica de uma sinfonia inacabada; crônicas que nunca se cansa de recontar, sem sequer olhar para o relógio. "Quem diria que minha ideia de distribuir o produto rapidamente estimularia tamanho retorno do outro lado do oceano, onde se vê empresas do nível da GAP ou Banana Republic? Entre outras razões, não fiquei muito contente em ter que viajar aos EUA, pois não gosto de voar. Na Europa, fiz a maioria das minhas viagens de carro ou trem, mas naquela ocasião não tinha outro jeito senão entrar num avião. Lembro como se fosse ontem – o momento que cheguei à esquina de uma das maiores ruas de compras de Manhattan, onde tínhamos nossa primeira loja em solo americano. Quando me vi frente a frente com a loja da Lexington, a apenas alguns passos da Bloomingdales, e o lugar estava transbordando de clientes, mal pude acreditar em meus olhos. Havia mulheres de todas as idades indo e vindo, igual a uma loja espanhola, experimentando o que gostavam, olhando, olhando de novo, sentindo as roupas com as mãos, desaparecendo nos provadores e, uma vez que tivesse decidido o que levar, pacientemente, esperavam numa fila interminável para pagar. As vendedoras mal davam conta de dobrar as roupas para dar aquela sensação de ordem e atenção ao cliente que sempre procuramos em nossas lojas.

"Fui tomado pela emoção e tive que me trancar no banheiro para que ninguém visse os rios de lágrimas que escorriam de meus olhos. Pode imaginar o quanto pensava em meus pais? Como eles teriam ficado orgulhosos por ver um filho que tinha, por assim dizer, descoberto a América, saindo de uma pequena cidade perdida nos confins do norte da Espanha! Depois disso, abrimos ainda outras lojas no estado de Nova York, inclusive na mundialmente famosa Quinta Avenida, ao lado da Gucci e a dois passos da Catedral de Saint Patrick e muito perto da loja da Sacks. Não consigo me acostumar com isso, embora não produza mais o mesmo impacto que da primeira vez."

Do seu observatório em Arteixo, Amancio mantém-se informado de tudo que acontece nas lojas da Inditex. Segundo ele me explicou, "apesar do êxito que tivemos em Nova York, os EUA não são, exatamente, nosso objetivo principal de mercado, por mais importante que sejam. Nas grandes cidades americanas, como pode imaginar, tanto as executivas que ocupam os escritórios das multinacionais quanto as multidões de turistas que compram na 'Big Apple' se preocupam muito com moda. Em outros estados, a vida das mulheres é muito diferente e elas não ligam muito para isso". Ortega e sua equipe viam esse fato com muita clareza: embora nunca tivessem a intenção de negligenciar esse grande país, com lojas em Washington, Boston, Chicago e San Francisco, concentravam suas energias de expansão em países emergentes, principalmente no Leste Europeu e na Ásia.

De olho na Ásia

Com efeito, a expansão internacional está, atualmente, focada na Ásia. Amancio não esteve presente na abertura das últimas lojas, "mas sigo de perto. Quando uma das minhas diretoras chega de nossa loja em Xangai, nunca deixo de perguntar, com verdadeira curiosidade, por que acredita que nossas roupas fizeram sucesso, e como ela vê nosso negócio na China, Coreia, Vietnã ou Cingapura."

Pude comprovar pessoalmente, então eu mesma fui contar o ocorrido a Amancio, em uma de nossas conversas. Em Xangai, em abril de 2008, conheci boa parte de sua "equipe asiática", todas muito jovens, com aquele estilo especial que é peculiar à empresa. Elas falavam entusiasmadas sobre seu trabalho duro, mas fascinante, naquela parte do mundo. Conheci-as num coquetel, ao qual tínhamos sido convidadas por Ágatha Ruiz da Prada, após uma de nossas reuniões do Luxury Brand Forum organizado pela China Europe International Business School. Estávamos no 85º andar do Hyatt Hotel, tendo como cenário uma vista inebriante, como se vê na maioria dos arranha-céus iluminados do mundo.

O pessoal da Inditex me impressionou bastante porque, mesmo estando em uma região distante do globo, ainda mantinha suas atenções voltadas a Arteixo para garantir que a cultura Zara permanecesse nesse estado de pureza que é uma realidade, não um mito. Uma das diretoras, María, com apenas trinta e dois anos de idade, é a chefe dos Recursos Humanos, responsável por três mil empregados espalhados por todo o continente asiático – ela viaja de um país a outro abrindo novos mercados. Como tantos outros, ela cresceu na empresa e a leva muito a sério; de fato, quase sente como se a empresa fosse dela. Acredita piamente na ideia incutida por Ortega de que "não importa onde esteja, o que importa são as pessoas".

O mesmo pode ser dito sobre Victor, outro diretor muito jovem que mora em Hong Kong e trabalha com o conglomerado asiático. O rapaz tem consciência da importância de seu cargo, abrindo novos caminhos por aquele mundo que hoje está no olho do furacão dos grandes negócios. Ele faz isso sem se desviar nem um grau do curso principal. Sabe que Ortega dirige a empresa com a mesma certeza que o capitão de um barco move seu leme – ainda que saiba o que ocorre nos lugares mais longínquos de seu império, prefere ouvir diretamente das pessoas que trabalham nesses vários países, pois, como ele diz, "não sou eu que faço esta companhia. É o resultado do trabalho de muitas e muitas pessoas que nunca param, onde quer que estejam".

Tem muito sentido no que afirma, mas também há verdade no que uma pessoa próxima a ele disse, após ouvir essa afirmação: "Claro que todos nós construímos a empresa, mas nenhum dos oitenta mil funcionários teriam sido capazes de criar a Inditex sem Ortega nos liderando".

Quem é que hoje decide e lidera as expansões para os vários países? Os envolvidos no gerenciamento diário me asseguram que, embora o presidente acompanhe o negócio com certa distância física, ainda mantém tudo sob controle. Em outras palavras, ele não mais explora um país centímetro por centímetro quando vai abrir uma loja, como fazia antes. "Quando voltamos das várias cidades em que operamos, conversamos com ele sobre tudo o que vimos e o que planejamos fazer em seguida. É uma forma de mantê-lo atualizado, e tudo ocorre da maneira mais natural possível, sem precisar de uma 'reunião de balanço', embora procuremos não omitir nenhum detalhe. Esse estilo de assumir como suas as diretrizes da empresa é o motivo por que os principais diretores de cada departamento são plenamente envolvidos com as decisões gerenciais e podem comunicá-las a quem quiser se dedicar a elas. É estranho não haver nenhum tipo de 'rei' por aqui; só acontece isso porque adotamos uma fórmula para descrever o que está acontecendo sem falar na primeira pessoa. Mas isso acabou se revelando uma filosofia da empresa, firmemente arraigada, por meio da qual todos assumem responsabilidade pelas decisões que adotam", é a explicação que recebi de Jesús Echevarría, o Diretor de Comunicações da Inditex, um homem sempre atento à expansão internacional. E ele prossegue: "a Europa era muito pequena para nós, embora no fim tenhamos desembarcado na Itália. Foi difícil por uma série de razões, embora nos últimos anos o crescimento tenha sido espetacular. Agora demos um salto para o Leste Europeu e para a Rússia; partes do mundo em que 'as mulheres gostam mais de roupas do que qualquer outra coisa', como ouvi o próprio Ortega dizer. É uma questão de mentalidade. As mulheres eslavas gostam de se exibir."

Conforme converso com Amancio sobre o mercado em contínua expansão, ele reitera o fato de que a Rússia é um país que detém importantes percepções do futuro. Em sua opinião, a diferença entre os países emergentes, dentro do que chamamos de zona BRIC (Brasil, Rússia, Índia e China), é que na China, por ora, só Hong Kong, Xangai e Pequim possuem poder de compra. Cento e cinquenta milhões de pessoas vivem na Costa Leste da China, e a cada ano que passa mais de dez milhões alcançam o *status* de classe média, o que é evidência de uma impressionante taxa de crescimento. "Também abrimos uma loja na Coreia este ano, e já estamos bem estabelecidos na Tailândia e em Cingapura. Na Índia, devemos ir mais devagar por questões legais". Fico impressionada pela maneira que Ortega se mantém atualizado com as flutuações de um mercado tão globalizado, tão mutável e tão complexo ao mesmo tempo. "O que está acontecendo na Rússia é maravilhoso, absolutamente incrível. Não estamos mais falando de uma porção de milionários, mas de uma classe média forte com vinte milhões de pessoas, todas ansiosas para gastarem seu dinheiro e melhorarem o padrão de vida. A economia está forte por causa de suas matérias-primas. No ano que vem, 2009, devemos abrir sessenta lojas que abrangerão todos os formatos. Seja pela cultura que herdaram ou pelo amor à beleza, não sei, mas as mulheres são apaixonadas por moda. Há muito talento artístico por lá. Não podemos esquecer que São Petersburgo costumava ser uma das grandes cortes europeias, com uma cultura que o comunismo não foi capaz de erradicar." Pouco tempo depois, Pablo Isla confirmou que gostariam de ter celebrado a loja de

Inditex – Expansão Internacional

número 4.000 com a abertura de uma Zara em São Petersburgo, mas a loja não ficou pronta a tempo, portanto Tóquio recebeu as honrarias.

A expansão internacional dos últimos anos continua a espantar o próprio Amancio. "Nunca pude imaginar tamanha explosão quando começamos. Porém, você continua a caminhar, dia após dia, e vê como a estrada vai se abrindo diante dos nossos olhos, a cada passo que damos." Não se esqueça de que Ortega já tinha quarenta anos quando começou como homem de negócios, em 1975. É verdade que, como já vimos antes, ele havia ganho experiência em cada passo na cadeia de valor: foi fabricante, comprador e atacadista. E via com muita clareza – e aí está seu gênio – que esse negócio consistia em combinar a fabricação e a loja com logística e *design* – dois mundos que são, teoricamente, difíceis de casar.

Outro fator determinante na história de sucesso da Inditex foi o conhecimento claro e certeiro de Ortega de que é possível vender uma quantidade maior se o preço for mais baixo. Os clientes ficam verdadeiramente empolgados se puderem achar itens de seda e caxemira por trinta euros, o que não encontrariam em qualquer outro lugar por menos de cem euros. A loja com as últimas tendências, lindamente expostas, a um preço acessível, de boa qualidade e com um ótimo serviço de atendimento é, pode-se dizer, um sucesso espanhol.

Por último, mas não menos importante, um fator básico é a rotatividade dos estoques duas vezes por semana. Se a tudo isso você somar uma oferta limitada, excelentes localizações das lojas, acrescidas de um *design* de interiores, podemos, então, contemplar o porquê do sucesso da Inditex.

Contudo, a pergunta que muitas pessoas se fazem é como o mesmo efeito pode ser alcançado no Paseo de Gracia, em Barcelona, e numa avenida em Hong Kong. As equipes que lançam as lojas são de suporte; o lançamento é gerenciado pela central. Atualmente, uma equipe de arquitetos, que já trabalhou em mais de sessenta países, prepara os projetos, desde os estudos de zoneamento até as imagens que as lojas terão (para assegurar que todas tenham a mesma ambientação), embora nem todas sejam iguais, pois o resultado final depende das lojas em si. Tudo é decidido em Arteixo e Ortega sempre dá uma olhada e revisa o trabalho, o que o diverte muito. Ele delega as funções, mas como me disse um membro da equipe, "todos nós pedimos a opinião dele, para ver o que ele acha sobre o que estamos fazendo, pois está comprovado que ninguém sabe das coisas melhor do que Ortega. Se você tem o melhor varejista do mundo trabalhando para você – diz esse empregado – sempre peça um parecer para ele".

Introduzindo a empresa na Bolsa: antes e depois

Durante outra de minhas reuniões com Amancio, em 1999, estavam sendo feitos os preparativos para a abertura do capital da empresa na Bolsa de Valores. Dava para sentir a tensão no ar devido a um momento tão importante. Lembro-me de um almoço que José María Castellano não pôde comparecer, já que estava plenamente envolvido nesse processo crucial. Passou pela minha cabeça perguntar a Amancio se ele começaria a sair na mídia quando chegasse a hora, e ele me deu uma das respostas mais incisivas que já ouvi dele, e aquilo veio do coração, com o tom de uma pessoa capaz de cumprir a ameaça: "se me pedirem para mudar meu estilo de vida, será o fim dessa história de mercado de ações e voltarei para minha vida tranquila. Digo isso para quem quiser ouvir: deixem-me em paz trabalhando, pois é o que sei fazer. Quanto ao resto, façam como achar melhor".

Amancio é um homem calado com uma enorme força interior. Sempre senti que ele é bem claro quanto ao que busca. Quando se faz uma pergunta a ele, a resposta é sempre exata, e se ele não quiser se envolver, é hábil em desviar do assunto. Percebi que não queria mais falar sobre a abertura do capital, portanto mudei a conversa para áreas que tínhamos interesses em comum. Parecia um homem que estava se envolvendo em um trâmite com o qual não concordava, mas que deixaria ser realizado. Ouviria tudo e daria a última palavra.

Na época, soube do fato de que ele teria que esclarecer e convencer – uma tarefa nada fácil – os outros acionistas, membros da família e aos mil e quinhentos trabalhadores da fábrica, departamento por departamento. Teria de comunicar a todos que esse passo significava uma maior transparência e que nada iria mudar; era puramente uma questão empresarial e não havia razão para se preocuparem.

Para entender melhor sobre a gênese de tal decisão, entrevistei Marcos López, diretor do Mercado de Capitais, que foi contratado pela Inditex em 1999, por causa desse fato determinante. Foi o próprio Ortega que explicou para ele o projeto. A empresa, na época, estava presente em apenas alguns países. Tinha acabado de se instalar no Japão.

O processo está gravado na memória de Marcos, minuto a minuto, chegando ao ponto de ele me contar os fatos no presente, como se estivessem acontecendo nesse instante: "De agora em diante, começaremos um projeto muito interessante com relação à preparação da empresa, muito em consonância com o que você já sabe. No que diz respeito à introdução da companhia no mercado de ações, Ortega não diz nem que sim nem que não. Deixa as coisas fluírem, como sempre o faz, mas ainda é quem dá a última palavra. Converso com ele e com uma porção de outros diretores da empresa para tentar entender o cenário. Tem alguns a favor e outros contra, pois acham que a abertura do capital pode fazer com que a companhia perca sua identidade. É uma situação típica que acontece em alguns momentos de crise, em que algumas pessoas mergulham de cabeça e outras não. A raiz do problema era que alguns membros muito importantes da diretoria não estavam de acordo; são pessoas que não estão mais na Inditex.

"Existem três passos no processo de abertura do capital de uma companhia. O primeiro é a preparação, em que eu estou envolvido. Ortega tem que deixar as coisas acontecerem. Em nenhum momento se pôs contra o processo, muito pelo contrário. É apoiado por pessoas que lhe dão bons conselhos e explicam que essa solução é a única forma de progredir em uma boa empresa. Mas tem outro tipo de mentalidade, como disse, que não vê as coisas assim, então, até certo ponto, estou me arriscando. Mas em tempos como esse, digo a mim mesmo: 'é um projeto muito bonito, tem que acontecer'. Ortega insistiu em algumas ideias próprias, como fundador e presidente. 'Esta companhia é um sucesso comercial e quero deixar bem claro que a abertura de capital deve servir para confirmar o valor da empresa. Não construí tudo isto e devotei minha vida por tantos anos para que ela se tornasse um fiasco e tivesse sua imagem arruinada. Segundo ponto: a ida para a Bolsa deve ser conduzida ao nosso estilo; essa é a abertura de capital da Inditex, não dos bancos que a organizam, nem de nenhuma outra organização; somente da Inditex. Vai gerar uma importante imagem nossa, mas é fundamental que o negócio continue a fazer o que tem feito até hoje. Em outras palavras, abrir o capital da empresa é algo muito bom e devemos ficar de olho no mercado, é claro, mas, não necessariamente, precisamos fazer o que ele disser. Não podemos ir na direção errada, colocando valores financeiros acima dos comerciais.'"

Por que analistas visitavam a Inditex? "Tínhamos quatro grandes coordenadores globais: Santander, BBVA, Morgan Stanley e Citigroup. Outros executivos, alguns muito importantes, convenceram Ortega de que ele tinha que se acostumar com a ideia de estar no mercado: 'As ações vão subir, vão cair, não deve se concentrar nisso, é só observar de um ponto de vista relativo. Fique ao lado dos negócios, como sempre esteve'. O próximo ponto era desvincular completamente o aspecto comercial das cadeias, inclusive da Zara, da introdução à Bolsa. A Inditex era a empresa que estava tendo seu capital aberto e a rede comercial não seria usada para vender ações. Para Ortega, a loja é sagrada; é o templo do comércio, dos negócios."

Toda oferta pública inicial (IPO) requer transparência. A discrição é, obviamente, saudável, mas não o sigilo absoluto e obsessivo, e foi por isso que ficou decidido incluir a primeira foto de Amancio Ortega no relatório de 2000. A foto foi tirada às pressas, pois ele não havia concordado muito com a ideia, embora compreendesse que fosse inevitável. Um fotógrafo local foi contratado, mas falhou em capturar sua personalidade. Amancio foi pego com uma aparência muito séria e austera, como se, de fato, não quisesse tirar aquela foto. E continua o diretor do Mercado de Capitais: "Nesse empenho de dar à empresa certa familiaridade com o mercado, adotamos uma nova abordagem de abertura de capital, diferente da que já tínhamos feito. Um ano antes, pedimos a cinco grandes bancos que trouxessem seus investidores nacionais a Arteixo. Um programa de visitas foi organizado, eles conheceram as pessoas e receberam uma explanação minuciosa sobre o que era a empresa. Foram levados a Tordera, o centro de logística catalão, e assim por diante. Em outras empresas, as coisas funcionam como um encontro às cegas: distribuem-se os números e é como se você tivesse que se casar com uma pessoa estranha. Aqui foi completamente diferente. As operações eram explicadas aos grandes investidores institucionais, em uma ação similar ao que é hoje conhecido como 'marketing viral'. Os investidores, a quem demos tanta atenção naquele momento, mais tarde aumentaram suas participações, demonstrando um claro comprometimento com a empresa.

"Como pode ver, o processo foi preparado com muito carinho. Em dezembro de 2000, explicamos a Ortega o que faríamos, em detalhes, demos a ele a agenda de 2001 e pedimos que escolhesse três datas possíveis para o dia exato da IPO. O assunto foi discutido na mesa de reuniões e, quando chegou ao fim, Ortega disse: 'prefiro em maio, então faremos em maio. As pessoas estão com um humor melhor'. Foi um golpe de sorte e intuição por parte dele, pois a data foi durante o único mês de 2001 que o mercado subiu. A Inditex entrou na Bolsa de Valores no dia 23 de maio."

Quando lhe foi perguntado o que sentia sobre ter sua empresa inserida no mercado de ações, ele respondeu: "É como se minha filha fosse se casar amanhã".

Como é típico de Amancio, deixou que os eventos seguissem seu curso natural e não esteve presente em Madri no grande dia. Mas não demorou a ficar impressionado com o sucesso da operação, já que foi a maior IPO de uma varejista na história do mercado de ações. Nas palavras de Marcos López, "foi a operação espanhola mais procurada; isto quer dizer que foi a maior demanda sobre a oferta em número de ações que já aconteceu a qualquer empresa espanhola. Com um alto número de investidores institucionais estrangeiros, a operação foi conduzida sem qualquer efeito nas atividades cotidianas da empresa, pois sabíamos exatamente para onde estávamos indo. Aos empregados, foram dadas cinquenta ações por ano trabalhado, independente de sua função. Um estilista, por exemplo, que tivesse trabalhado na empresa por vinte anos, receberia vinte vezes cinquenta, e um diretor que tivesse chegado ontem ganharia cinquenta. Foi um ato único e benevolente. A maior evidência de generosidade por parte de uma companhia de sucesso é quando o proprietário vende uma porção de suas ações para vê-las divididas entre seus funcionários. E foi isso que Ortega fez.

"No dia 23 de maio de 2000, o dia de sua estreia no mercado de ações, a Inditex quebrou recordes e deixou ricos vários acionistas, inclusive Rosalía Mera Goyenechea, cujos 7% de participação passaram a valer uma fortuna. Amancio detinha 60%, enquanto os 7% restantes estavam divididos entre os outros membros da família."

Para Amancio Ortega Gaona, considerado pela revista *Forbes* como o mais rico e poderoso dentre os "aristocratas da moda" – um grupo bastante seleto que inclui nomes como Ralph Lauren, Luciano Benetton, Leonardo del Vecchio, Giorgio Armani, entre outros –, abrir o capital da companhia significava que "o maior perigo seria acreditar ser isso verdade. E essa não é a cultura da empresa".

A melhor propaganda

Para o presidente da Inditex, a melhor propaganda vem do trabalho eficiente – um serviço capaz de fornecer uma oferta flexível que satisfaça todo tipo de requisitos. A oferta deve ser eficaz em termos de oportunidade, e isso gera a lealdade dos clientes e uma excelente transmissão boca a boca. A empresa não faz anúncios por meio dos principais meios de comunicação. Havia, por bastante tempo, uma aura de mistério que rodeava o presidente e que nos últimos tempos vinha gerando curiosidade, o que ocasionou inúmeros comentários que apareciam nas mídias mais importantes da Espanha, e que, graças à internet, logo reverberaram por todo o mundo.

Sempre atento ao que acontece no mercado, Ortega abriu as primeiras lojas de uma nova marca voltada a acessórios, Uterqüe, em julho de 2008.

A foto oficial de Ortega quando a Inditex abriu seu capital na Bolsa de Valores, em 2001.

Um funcionário que arregaça suas mangas e vai trabalhar sorrindo. Este é o Amancio Ortega que conheço e que, ao longo dos anos, nunca deixou de ser assim.

A fachada e o interior da loja Gala, onde Amancio conseguiu seu primeiro emprego. [arquivo pessoal da autora]

Amancio Ortega com José María Castellano, dupla que formou uma sólida parceria de trabalho por mais de 30 anos. Castellano foi CEO e vice-presidente da Inditex. [Carlos Pardellas / *La Opinión de La Coruña*]

Pablo Isla é o atual CEO e presidente do Conselho Administrativo da Inditex. Ele começou a trabalhar no grupo em 2005.

Pablo Isla e Amancio Ortega em uma caminhada pelo Centro Equestre Casa Novas, em La Coruña. [Carlos Pardellas / *La Opinión de La Coruña*]

Ortega com sua atual esposa, Flora Pérez Marcote – ou Flori, como é conhecida pelos amigos.

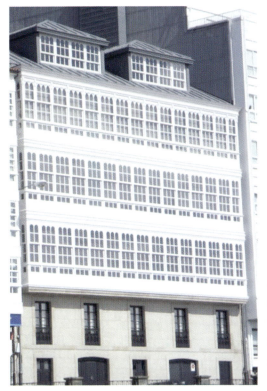

A casa de La Coruña onde, atualmente, Amancio Ortega reside. Ela fica em frente ao porto e tem uma magnífica vista do mar.
[arquivo pessoal da autora]

Marta Ortega, a filha caçula de Amancio, com sua mãe. A semelhança entre as duas é patente, embora seja possível vislumbrar também as feições de seu pai. [Carlos Pardellas / *La Opinión de La Coruña*]

Marta Ortega é uma fervorosa praticante do hipismo. Na foto, ela está com seu pai no Centro Equestre Casa Novas. A ótima relação entre os dois é notória. [Carlos Pardellas / *La Opinión de La Coruña*]

Ortega, com uma expressão pensativa, talvez refletindo sobre uma das atividades mais importantes de sua vida: a peregrinação pelo Caminho de Santiago, que ele executa anualmente.

Estilistas trabalhando na sede da Inditex, em Arteixo.
[arquivo pessoal da autora]

Engomadaria e rotulagem das roupas produzidas na fábrica de Arteixo.
[arquivo pessoal da autora]

6. O CLIENTE É O REI

"O dinheiro deve ser colocado nas lojas"

Quando Amancio afirma com veemência a importância que as lojas sempre tiveram no gerenciamento de seu negócio, está, implicitamente, explicando outra realidade comercial básica nessa época de profunda mudança social: é o consumidor que determina a ordem no mercado, e se quiser prosperar é preciso conhecer seu cliente, observar como age, mimá-lo e esbanjar atenção. Lembro que uma vez conversamos muito a respeito desse assunto, que era crucial para o sucesso da Inditex. Ortega compreendeu antes de todos que, de um ponto de vista social, profissional e familiar, as constantes mudanças na condição de vida das mulheres, sua principal cliente, implicavam um novo enfoque de sua atitude em tudo que se relaciona com o consumo e o cuidado da imagem. Nesse novo cenário, a moda deixou de ser uma forma de tirania governada pela terrível pergunta: "O que devo vestir?". E embora fosse uma necessidade importante e significativa, não se poderia gastar tanto tempo e dinheiro, pois não se tem mais nenhum dos dois.

"É preciso dar às mulheres o que elas querem"

Nesse apaixonante início de novo século em que tudo se movia à velocidade do som, os formadores de opinião da moda achavam que uma nova maneira de ver a vida, sob uma ótica diferente, mudaria o curso da forma com que as mulheres se vestiam. Amancio captou o que o mercado estava pedindo e se devotou completamente à tarefa de criar um produto básico com a melhor relação custo-benefício.

Sem empreender maiores esforços, o fundador dessa empresa absorveu completamente a filosofia que estava no ar e seguiu o mesmo ritmo dos grandes nomes da costura internacional. Donna Karan, por exemplo, escreveu na época uma carta "de mulher para mulher" na *Women's Wear Daily*, na qual dizia: "Para mim, o futuro da moda se voltará ao próprio estilo, não aos termos de um estilista. É meu papel oferecer às mulheres liberdade e ferramentas básicas para que cada uma possa misturá-las à sua maneira, com base numa série de peças simples, itens atemporais de boa qualidade, adaptáveis o bastante para serem usadas de manhã até a noite. Isso é o que acho da moda atual – é uma afirmação do estilo individual. É um conceito vanguardista que, como pano de fundo, está impregnado nas lojas da Zara, desde a da Quinta Avenida, em Nova York, até a do Paseo de Gracia, em Barcelona".

Amancio percebeu isso com uma clareza impressionante em uma de suas muitas viagens pelo mundo, sem saber definir, precisamente, as causas do que havia observado. Disse-me em certa ocasião que "nos conectamos com as clientes, pois buscamos um *estilo* para as mulheres. Esse tipo de cliente – de qualquer idade, não só as mais jovens – é o que entra em qualquer lugar, seja na Europa, na Ásia ou na América, certa de que encontrará o que está procurando, não tanto por necessidade, mas, quase sempre, baseado em caprichos".

Outro americano, o economista Carl Steidtmann, escreveu no *Wall Street Journal* que a mudança que se via, então, na moda marcava o fim de uma era. O motivo? As mulheres queriam roupas confortáveis, práticas e atraentes a preços acessíveis; uma mensagem que estava sendo transmitida em todas os idiomas e movimentava homens e mulheres que, em cada canto do mundo, vinham se tornando viciados na Zara e nas outras marcas do grupo. Nas lojas Zara eles encontraram uma perfeita combinação entre roupas clássicas e atuais, com uma boa relação custo-benefício e uma imagem moderna e fácil de combinar com um toque pessoal.

Em dezembro de 1997, o diretor da *Women's Wear Daily*, Patrick McCarthy, declarou: "Por anos definimos moda como o que nos apresentavam os estilistas. A grande mudança começou já há algum tempo e ocorreu pouco a pouco; moda é o que o mercado apresenta nessas imensas cadeias comerciais.

Estilos clássicos, joviais, fáceis de vestir, atraentes, que encorajam as pessoas mais modernas a comprar de redes como GAP, H&M ou Zara. Toda uma geração começou a considerar que o mais chique era usar roupas casuais, e que não havia razão para pagar somas astronômicas para se vestir. Então, surgiram outros interesses, após os terríveis anos 1980, dominados pela ostentação".

A Inditex é a empresa que melhor compreendeu o que as pessoas estavam exigindo, e por isso ocupou uma posição tão destacada no panorama mundial. Os dados de 2008 mostram que seus resultados já haviam superado a GAP e a H&M. Os motivos, alguns dos quais já mencionamos, eram óbvios: ofertavam um bom produto, tinham um preço acessível, adiantavam-se às tendências e trocavam o estoque duas vezes por semana, uma rotatividade que evita parecer que estamos usando um uniforme. E como se isso já não fosse o bastante, diversificava em cosméticos e produtos para "vestir" a casa (Zara Home), considerando que cuidar da casa é outra das grandes tendências que precisavam ser atendidas. Em meados de julho de 2008, o grupo inaugurou outra marca com grande sucesso, Uterqüe, dedicada a acessórios de qualidade imbatível, bom *design* e preços razoáveis, e que logo seria projetada internacionalmente. Os acessórios influenciam cada vez mais na aparência da mulher, cujo vestuário pode ser o mais básico possível, contanto que lhe sejam acrescentados elementos diferenciadores. Amancio se mostra muito orgulhoso e esperançoso com relação a essa nova linha, que abriu suas primeiras lojas em La Coruña, Madri e Barcelona, e que se mantém fiel à filosofia do homem que sempre esteve no comando: "É preciso crescer para sobreviver".

A personalidade da mulher de hoje triunfa sobre o mimetismo da consumidora. Muitas pessoas estão cansadas de seguirem os ditos da moda, e as tendências de temporada estão testemunhando sua dissolução gradual. Estamos na era da multiplicação dos princípios da aparência e da justaposição dos estilos mais extremos. Por isso que longo e curto coexistem, clássicos mesclados com excêntricos; o ar pobre com o luxo mais refinado. É também, sem dúvida, o que explica o fenômeno que se repete nas regiões mais ostentosas das grandes cidades, onde as lojas de luxo, com os últimos modelos da estação expostos em sofisticadas vitrines, são intercaladas com as fantásticas lojas da Zara.

Surgiram para revolucionar, também, os novos materiais; misturas de vinil e plástico com as sedas e escumilhas, as cores mais ousadas com os tons mais neutros. As equipes comerciais da Inditex viajam até os lugares mais distantes do planeta, comparecendo a todas as feiras para encontrar matérias-primas e comprar dos melhores fornecedores internacionais, muitos dos quais são asiáticos, para competir em qualidade e inovação com os gigantes do mundo da moda.

Todos os estilos agora têm seu espaço. Como disse anteriormente, já não existe *uma* moda, mas uma infinidade de sugestões e concepções que cada indivíduo absorverá com bom humor, certa rebeldia e uma indiferença saudável com relação ao que nos é apresentado. As tendências devem ser levadas em consideração, é claro, mas com uma condição primordial: precisam permitir que nos vistamos com nossa própria marca. "Não estamos impondo nenhuma linha de produto a ninguém, mas um estilo de vida", Ralph Lauren tem repetido todos os anos, quando apresenta suas coleções perfeitamente equilibradas e harmonizadas. E Karl Lagerfeld, estilista da Chanel e da Fendi, uma vez me disse em um de nossos encontros, tendo observado o que havia ocorrido com seu experimento ao desenhar uma coleção pequena e acessível para a H&M: "Estamos testemunhando o fim dos criadores-estrelas e o nascimento de roupas simples e acessíveis que estão em consonância com uma mulher livre e inteligente; uma mulher que não corre mais atrás da moda. Agora é a moda que segue a mulher". Contou-me que ele "desenhou para uma mulher que escolhe o que gosta e é incapaz de vestir qualquer outra coisa". Em Barcelona, pouco tempo depois, defendeu a tese de que "a estrutura atual força os *designers* a trabalharem com uma equipe de gerenciamento". Não é de se surpreender que, em mais de uma ocasião, essas firmas, com todos esses estilistas de luxo na dianteira, foram conversar com o pessoal do gerenciamento da Inditex e, de fato, com o próprio Amancio.

Está provado que quem desenha deve buscar um equilíbrio eficaz e não pode se satisfazer com um mero efeito dramático. Compreendem que as mulheres não podem permitir serem oprimidas pelas últimas tendências, e que elas visam a encontrar o que realmente gostam, dentre os milhares de itens ofertados. São mulheres que têm um papel ativo na sociedade, que não são obcecadas pelas aparências; mulheres que estão interessadas nas sugestões dos especialistas, mas são cada vez mais influenciadas pela própria sensibilidade. As passarelas internacionais nos oferecem um mundo de cores, extremos e contrastes; coleções belíssimas que são ótimas de se assistir, mas muito longe das roupas que usamos na vida real.

Se existem infinitos estilos de vida, existem também infinitos estilos de se vestir. Isso não é um incentivo à anarquia, mas, pelo contrário, um encorajamento para se desenvolver uma abordagem imaginativa da moda, que case estética com personalidade, e que a qualidade não seja deixada de lado. O grande segredo para encontrar seu próprio estilo origina-se do saber como encontrar o que melhor se adapta ao que você pensa e ao que você é e, obviamente, às suas próprias circunstâncias.

A mulher do século XXI é empreendedora, responsável e independente; ela revela suas habilidades profissionais em todas as áreas imagináveis, desde liderando uma nação a liderando um grande banco. E ela deve se vestir de acordo com a maneira que vive, tendo consciência de que uma pessoa bem vestida sempre reflete uma personalidade equilibrada e realista, pois no ramo da moda, como em qualquer ramo, a melhor indicação de maturidade e personalidade é ser fiel às suas ideias. Para isso, tudo o que precisa é imaginação e bom gosto.

As lojas de Amancio nunca estão vazias

Sempre me perguntei por que as lojas da Zara, em qualquer cidade do mundo, nunca estão vazias. A fim de encontrar uma resposta para essa charada, fiz algumas viagens para visitar várias delas, tanto dentro como fora da Espanha. E sem dizer a ninguém qual era minha meta, comecei a coletar informações.

O mais impressionante é que essa lotação nas lojas acontece a qualquer hora e em todos os dias da semana. As filas dos caixas são a melhor evidência de que a Zara não é um museu, mas sim um significativo centro de consumo. Tenho anotações de variados lugares, como Cidade do México e Guadalajara; uma imensa loja dentro de um *shopping* em Jerusalém; nas filiais de Paris, seja na Champs Élysées ou no Bairro Latino; Nova York, Xangai, Bilbao, Bruxelas, Viena, etc. – a lista é enorme. Em muitas dessas lojas, falei com as gerentes, que ficavam de pé horas e horas a fio, atendendo mulheres de todas as idades que entram, olham, mexem nas roupas, experimentam dúzias de itens, mudam de ideia e – por fim – compram alguma coisa. "É um trabalho cansativo", confessavam a mim em várias línguas, mas se empenham em executá-lo como seu chefe determinou: "Aqui quem manda é a cliente e temos que mantê-la feliz".

Qual é o papel de Amancio Ortega nesse exercício comercial? Muitas vendedoras alegam tê-lo visto entrar nas lojas, sem querer ser reconhecido, e se o fosse, pedia para que não fosse tratado com cerimônias. Ele não visitava para ver como os negócios estavam indo, mas para animar seu pessoal.

Num artigo publicado no *Wall Street Journal* sobre os segredos do sucesso da Inditex, mais especificamente o êxito da Zara, a importância do ponto de venda foi discutida e o nome de Elena Pérez foi mencionado. Ela era a mulher que, por muitos anos, comandou uma das primeiras lojas em Madri, na rua Velázquez. Naquele espaço "não muito grande" mas icônico, por ser um dos primeiros na capital, é fácil encontrar uma porção de pessoas querendo descobrir "o que há de novo", como se estivessem na inauguração de uma galeria de arte. Entre as mulheres elegantes da Espanha que visitam a loja estão a Princesa Elena, Beatriz de Orleans e Nati Abascal, que se divertem misturando um par de calças Dolce & Gabbana com um paletó que acabou de chegar num caminhão de Arteixo. Elena Pérez é quem dá as dicas sobre onde encontrar o que "chegou ontem à noite e você vai adorar, pois é a sua cara".

Conheci Elena há alguns anos. Ela é uma daquelas pessoas que tem uma aparência relaxada. Tudo o que fazia era saudar quem entrava e quem saía da loja, pois já eram seus amigos. Para entender melhor como tudo acontecia, em vez de ficar observando as coisas de longe, planejei conversar com ela para descobrir qual era a impressão que ela tinha sobre como é gerenciar uma loja dentro dessa organização, e o que ela achava do fundador e presidente. Inicialmente, ela me dispensou, o que me surpreendeu um pouco, mas, depois de alguns dias, ela me chamou para ir até lá. Explicou que nunca diria nem uma palavra sem verificar com "o pessoal lá de cima" – em outras palavras, Arteixo – se eles concordavam com o que ela estava prestes a fazer. Isso é o que eu chamo de lealdade!

Gosto de ressaltar a questão da lealdade, um valor que fala por si só e é abundante entre os funcionários da Inditex. Vi a mesma atitude em todas as pessoas que entrevistei para conhecer mais sobre Ortega. Até que o próprio não me desse o sinal verde, só o que via eram desculpas, com o máximo de educação e o mínimo de informação.

Finalmente, certa manhã, Elena e eu marcamos de nos encontrarmos para uma conversa no estoque da loja, cercadas por caixas recém-abertas. "Minha opinião a respeito de Ortega?" Ela o conhece bem, já que começou a trabalhar na Zara há 20 anos. E me adverte logo de cara: "Não posso ser imparcial. Tenho uma grande admiração por ele, além de um grande carinho como chefe, é claro, mas, principalmente, como pessoa". Uma das coisas que estou interessada em descobrir é até que ponto Ortega transmite a importância de tratar os clientes de determinada maneira; a outra é saber qual é o papel daquelas que ocupam o cargo de Elena, o de gerente geral. Ouvi a resposta dela em diversas ocasiões, com palavras diferentes, porém sempre com o mesmo conteúdo.

"Quando vou a La Coruña de férias, não a trabalho, sempre dou um jeito de ir cumprimentá-lo. E sempre temos muito o que conversar – ele fala comigo sobre as coisas que eu tenho em mente, como se eu fosse sua única empregada, e surgem perguntas sobre o que acontece na loja. Sempre me deixa feliz, pois ele ainda me chama de 'menina', como faz com quase todas as outras que são antigas na casa, funcionárias que ele conhece melhor. Mesmo as mais novas, aquelas que ele ainda não sabe o nome, também recebem o mesmo tratamento. Pergunta por elas com o mesmo carinho de um pai. 'Como estão as meninas?' ou 'Quem é essa menina nova?'. Agora, somos muitas. É só pensar quantas de nós estão trabalhando nas mais de 3.800 lojas que abriram ao redor do mundo. Quando comecei, havia poucos funcionários, visitávamos o centro duas vezes por ano para conferir as coleções e ele estava sempre ao nosso lado. Como pode imaginar, os tempos mudaram, mas ele se mantém interessado em tudo o que acontece."

Tirando isso, a história dela é igual a outras tantas que ouvi. Ortega é um chefe que sempre trabalhou ao lado de seus empregados nas lojas e armazéns; nunca hesita em arregaçar as mangas para ajudar a carregar os caminhões, se necessário, além de ser o primeiro a chegar e o último a sair. "E, além de ser um ótimo trabalhador", esclarece Elena, "ele é um perfeccionista. Chegou ao ponto de, certa vez, ele mesmo ter escolhido um botão para uma jaqueta. Afirmo que essa não é só uma história bonita que inventamos para dar boa fama a ele. Já o vi fazendo esse tipo de coisa diversas vezes, durante anos. Contam-se muitas histórias sobre como ele é e como age, como se fossem coisas fora do normal, algo que ele tivesse feito só uma vez, mas é uma coisa rotineira para ele. Você conhecerá pessoas, por exemplo, que não acreditam que ele come no mesmo refeitório que seus funcionários ou que ele ainda pode ser encontrado passeando nos corredores da sede central para dar uma mão a quem estiver precisando. Olhe para essa foto no centro de logística", ela aponta para uma pendurada na parede, "e lá está ele, ao fundo, ouvindo. É o que mais gosta – ele detesta gerenciar sentado numa cadeira."

Ortega gosta de se arriscar. Novamente, nas palavras de Elena, "era um risco quando ele iniciou seu negócio e ainda corre riscos. Cada minuto tem que ser um desafio para ele. Se algo dá errado, é Ortega que explica tudo à equipe ou ao departamento que for e, então, atua energicamente para colocar o pessoal para trabalhar. Ele nunca eleva a voz, mas mesmo assim age com autoridade e faz com que suas ordens sejam obedecidas".

Todos concordam que o presidente da Inditex inspira grande respeito, que ele possui uma personalidade poderosa e que pode aparentar ser muito descontraído, mas, por baixo dessa capa, possui uma verdadeira força. Outro aspecto em que há plena concordância é que não existe nada de artificial na maneira como é. Embora, geralmente, abusem da expressão, muitas de suas gerentes e responsáveis confessaram que ele tem um "carisma indubitável", e que, em momentos difíceis, a imagem de seu chefe dando o sangue pela empresa as encorajava a resistir. "Se ele consegue, eu também tenho que conseguir, portanto, continuarei fazendo minha pequena parte para manter essa companhia nos eixos". Seu exemplo é inspirador, incentiva as pessoas a trabalhar e mostra a elas como serem responsáveis. Também é importante o detalhe que todos tendem a acrescentar. "Sempre o vi como sendo infinitamente compreensivo, muito humano e uma verdadeira figura paterna. De alguma forma, somos todos seus filhos."

Bisila Bokoko, que trabalha em um importante gabinete comercial espanhol em Nova York, disse-me que o primeiro CEO da Inditex nos Estados Unidos contou-lhe certa vez que Ortega era "um ser humano de tanta qualidade que eu preferiria ter a ele como pai". Seus funcionários, como Elena Pérez, que tiveram a boa sorte de começar numa época em que Amancio ainda conhecia pessoalmente cada um de seus empregados, nunca se cansam de falar sobre a forma com que ele costumava lidar com todo mundo, sem qualquer afetação. Conforme passam-se os anos, ela continua a confiar nele da mesma maneira que antes: "é mútuo, pois, sem que eu espere, ele me chama na loja para falar sobre algo que o está preocupando; e não é sobre a empresa, mas sobre mim".

O exemplo que ela me deu é bastante eloquente. Durante vários anos, Elena viajou ao redor do mundo, ajudando a abrir lojas em diversas cidades. Houve um momento em que a carga de trabalho cresceu, ela foi ficando cada vez mais cansada e começou a precisar de mais tempo para descansar. Comunicou ao departamento de Recursos Humanos, mas foi o próprio Ortega que, imediatamente, telefonou para ela dizendo que estava ciente da situação, compreendia perfeitamente aquilo que ela estava pedindo e disse: "todos teremos que nos organizar para que você tenha um pouco mais de tempo livre". Foram anos difíceis e os cintos precisaram ser apertados. A empresa estava em franca expansão e havia uma certa pressão devido à escassez de pessoal. Apesar disso, foi Amancio quem pessoalmente lidou com tal problema. "O que exatamente você gostaria, o que você precisa?", ele perguntou. Elena explicou que, se pudesse ter seus sábados de volta, teria o fim de semana para se recuperar; Amancio concordou plenamente. "É genial como ele consegue conciliar uma postura exigente com essa forma de se colocar na pele dos outros", comentou.

"Por que em algumas cidades o cartaz de 'precisa-se de vendedores' está em toda parte?", perguntei a ela, sabendo que algumas pessoas acham que a carga horária é muito longa, o salário muito baixo e os clientes, frequentemente, não são educados com quem lhes atende. "Trabalhamos duro, é claro", diz Elena, "mas acho que a empresa é bastante justa quanto ao pagamento. Recebemos um salário compatível com o mercado e, em alguns lugares, um extra. Além disso, ganhamos uma comissão – as vendedoras ganham uma porcentagem sobre as vendas totais e as gerentes recebem premiações. Ortega tem um bom senso de justiça e garanto que não se limita apenas a pagar um salário justo, mas é algo que se estende por todos os aspectos de sua vida."

A característica mais admirável da generosidade desse homem, e assim repetiram diversas pessoas com quem conversei, foi a forma com que ele distribuiu ações para todos os empregados, quando abriu o capital da empresa na Bolsa de Valores. Para muitos, aquela decisão foi vital. O dinheiro, que logo se multiplicou, foi empregado de diversas maneiras, desde ajudar aos pais ou comprar um carro, até abrir uma conta no banco para os filhos. No caso de Elena Pérez, "eu estava prestes a comprar uma casa no interior e aquilo foi o incentivo financeiro que eu precisava para poder adquiri-la. Contei a Ortega e ele me respondeu: 'Maravilha, Elena, agora você poderá curtir o tempo livre em seus fins de semana!'. Ele lembrava do que eu havia pedido anos antes. Que memória! Ele não se esquece de nada!"

Tenho que confessar que a minha maior dúvida é se, numa empresa com o ritmo de crescimento da Inditex, será possível manter uma filosofia onde o lado humano tem a prioridade. Obviamente, as coisas irão mudar porque são muitas as lojas e milhares os empregados. Se acrescentarmos o pessoal da limpeza, transportadores e todas as pessoas que trabalham indiretamente para a Inditex, o número fica em torno de um milhão e meio.

Pergunto a Elena se o Amancio que ela conheceu no início e o de hoje são o mesmo e, antes mesmo de me deixar terminar a frase, logo responde: "Exatamente igual; um homem simples e amigável. Não deixou que nada disso lhe subisse à cabeça. Conheci-o quando ele ainda tinha menos de cinquenta anos, na plenitude de sua vida, e agora, com mais de setenta, ainda é muito encantador, com seu sorriso, seu olhar, o carinho que transmite e a impressão que deixa de que para ele somos todos parte de sua família. A empresa cresce e cresce, mas ele continua a vestir o mesmo estilo de sapato, camisa e calça". Seu comentário seguinte é muito engraçado: "sei que ele gostaria de usar mais frequentemente as roupas da Zara, mas, às vezes, irrita-se com o departamento masculino, pois eles não têm seu tamanho de calças. Como pessoa, continua sendo igual. Ainda o vejo lá em Arteixo todos os anos. E, de vez em quando, na loja de Madri".

Quando a esposa de Ortega, Flori, aparece nas lojas, age como uma cliente comum. Às vezes, só entra para cumprimentar o pessoal. Nunca chega a conferir como andam as coisas. Hoje em dia, ela é reconhecida, pois sua fotografia apareceu na imprensa, mas até bem pouco tempo ninguém prestava atenção nela. "Uma cliente perguntou, certa vez, a uma das vendedoras, o que Amancio Ortega fazia ali. Ela precisou explicar que ele era o dono. Não dava para acreditar naquilo, pois ele estava passeando de um lado para o outro como um marido qualquer." Ela continua: "o que quero dizer é que Ortega é *anormalmente* normal. E o mesmo se aplica ao resto da família. Houve um sábado em que ele, repentinamente, apareceu com sua filha, Marta, que comprou e pagou por uma jaqueta que ela tinha gostado, como uma cliente qualquer. Marta possui a mesma simplicidade de seus pais. Tudo o que faz, quer fazer da melhor forma possível".

Aproveito a oportunidade para pedir à gerente da loja da rua Velázquez que me diga o que ela acha da relação do seu chefe com dinheiro. "Não é importante para ele; é apenas uma ferramenta para que possa criar mais empregos. Abre lojas ou lança novas cadeias não tanto para aumentar sua fortuna, mas pela satisfação de gerar mais postos de trabalho, assim todos podem usufruir de um bom padrão de vida. Enquanto isso, continua a ter uma vida simples, com sua família, seus amigos... nada muda."

"Ele tem muita influência sobre o que é confeccionado?", pergunto.

"Claro que sim!" Essa opinião foi confirmada tanto nos pontos de venda como em outros âmbitos da companhia. Ortega sempre teve peso nas decisões relacionadas ao produto em si como quanto ao método pelo qual ele chega ao consumidor final. Hoje, sua opinião ainda tem importância. É um homem revolucionário que está além de seu tempo.

Roupas de boa qualidade?

Alguns ainda têm a ideia de que "as roupas da Zara são baratas, mas de péssima qualidade", uma crítica que repassei a um dos diretores com quem conversei para escrever este livro. A resposta foi: "O número de pessoas que pensam assim está diminuindo rapidamente. Existe até uma seção da coleção feminina, por exemplo, onde são utilizados tecidos italianos muito caros. Tais roupas nunca geram lucro, mas valorizam o prestígio da empresa". Nesse caso, são expostas roupas um pouco mais caras, mas que ainda preservam uma boa relação custo-benefício. No outro extremo está a coleção Básica, produzida com tecidos que mesclam fibras sintéticas para baratear os custos. Lã pura é, obviamente, diferente de poliéster ou seda artificial (raiom), mesmo sendo o raiom um produto natural.

Na opinião da maioria dos empregados, Ortega teve uma percepção muito vanguardista da nova mulher e da mudança de paradigmas que isso implicou. Ele compreendeu que a moda tinha que se tornar democrática, que roupas de boa qualidade deveriam ser acessíveis a qualquer um, não apenas aos mais favorecidos financeiramente. "Nosso plano era criar vestuário de qualidade cada vez maior a bons preços, e nós conseguimos."

Outra questão que surge em minhas conversas com os funcionários das lojas tem a ver com a fórmula adotada para assegurar que as roupas não sejam todas iguais. Eles têm noção desse perigo e procuram evitar esse erro. Tudo começa no estágio de produção: nunca é produzido um vasto número de unidades com as mesmas características; em vez disso, lançam um grande número de modelos a cada ano, cerca de vinte mil, com os esforços todos concentrados na "não repetição" dos mesmos. Acima de tudo, está o fato de que nenhuma loja é igual a outra. Alguns clientes acreditam que eles vendem coleções diferentes, pois as lojas são geridas como se fossem butiques, principalmente quando são pequenas, assim dá-se a sensação de exclusividade. Os gerentes das lojas possuem bastante liberdade na hora de fazer pedidos, pois dessa forma adaptam-se aos desejos de sua clientela. A meta é criar uma atmosfera mais pessoal para que cada cliente seja atendida com perfeição.

Para garantir que tudo funcione com o máximo de eficácia, a gerente precisa estar diretamente ligada à sede central, em Arteixo. Todos os dados são computados e atualizados todas as noites. Em Arteixo, o setor de distribuição trabalha com os números e com os pedidos que recebem das lojas. Um fator significativo do sucesso do negócio está, precisamente, na relação existente entre as lojas, ocorrendo grande permuta de mercadorias e informações. Cada gerente tem controle pleno do que entra e o que sai, e todas as outras podem receber essas informações em tempo real. O bom disso é que o estoque é renovado por completo a cada vinte e oito dias. "A meta é, em cada ponto de venda, renovar os estoques das prateleiras e transferir o que ficar parado para outras lojas".

Uma empresa cada vez maior

Muitas pessoas foram gentis em me explicar que as mudanças foram inevitáveis com o crescimento da Inditex. Elena Pérez, que esteve à frente de uma equipe de apoio para implantar a Zara na Argentina, Brasil, Alemanha e Turquia, entre outros países, diz que todas aquelas viagens foram essenciais para as primeiras lojas, pois "naquela época, a empresa estava se encontrando e precisava de uma equipe própria em cada país. O apoio, certamente, ainda era necessário para a abertura da segunda ou terceira loja, mas, então, o suporte viria de uma equipe local. São eles que melhor conhecem seu público e, além disso, precisa-se levar em consideração o dinheiro investido na manutenção de uma equipe "estrangeira", deslocada para fora da Espanha.

"Lembro que no Brasil", continua Elena, "a primeira loja da Zara estava sendo aberta durante um período em que o país estava passando por uma fase econômica bem crítica. Havia cerca de cinquenta candidatos no curso preparatório, entre moças e rapazes, e um dos jovens levantou-se para dizer o quanto estava grato a Ortega e à Inditex por, mesmo num momento tão difícil, depositar sua confiança nessa fase de expansão. Pediram-nos para transmitir essa gratidão, o que fizemos, mas Ortega nunca foi muito afeito a elogios. Não sei se por sua timidez ou por sua inteligência. Mais de uma vez comentei com ele: 'Que linda coleção, os clientes vão adorar!' e ele sempre me cortava dizendo: 'Tudo bem, agora me diga o que há de errado com ela.'"

De acordo com a gerente da loja Zara da rua Velázquez, "o crescimento também tem seus inconvenientes. Estamos abrindo tantas lojas, em tantas partes do mundo, que fica impossível viajar a todas elas. Nos velhos tempos, quando uma nova loja era aberta em Madri, por exemplo, todos nós, gerentes, íamos dar uma ajuda ao anoitecer, após fecharmos as nossas. Agora isso é totalmente fora de cogitação. O negócio tornou-se uma bola de neve irreversível".

O setor de Recursos Humanos é, naturalmente, o responsável pela seleção dos novos membros. "Quando precisamos de mais gente, contatamos o RH, o qual é muito bem estruturado, e eles nos mandam os currículos daqueles que já foram previamente escolhidos. Entrevistamo-los e decidimos se são adequados ou não. Nós, gerentes, temos que trabalhar como diretores-gerais; temos total confiança em tudo o que fazemos. Se uma loja não está indo bem, vão querer saber o porquê, porém somos autônomos. Cada departamento possui seus manuais, e cursos de treinamento são fornecidos a todos, desde os caixas até os altos cargos."

Seis são os princípios que devem ser observados no tratamento aos clientes. São denominados de "os seis mínimos" e Ortega ajuda a disseminá-los:

- Sempre tenha uma expressão amável.
- Sorria na região do caixa.
- Tenha uma caneta em mãos.
- O gerente é a pessoa que mais deverá atender aos clientes.
- Os provadores são uma importante ala de vendas.
- Qualquer lugar da loja: paciência.

Elena prossegue: "acontecem muitas promoções internas. Uma pessoa com boas qualidades, se continuar assim e trabalhar duro, será promovida. Se precisar equilibrar suas vidas pessoal e profissional, poderá consegui-lo perfeitamente. Fazemos isso desde sempre, e não só após as últimas inovações; sempre existiram períodos reduzidos de trabalho, calendários balanceados etc., tudo muito estruturado para que possamos ter mais tempo livre. Existem muitos cargos a serem galgados – gerente, subgerente, encarregada da loja, caixa central, coordenadora etc. Em Madri, 90% das gerentes começaram como vendedoras. Acho que fui a última a ser contratada diretamente para o cargo de gerente".

Zara Home

Vários anos depois do *boom* a que Elena se referia, foi lançada a Zara Home, o único braço da cadeia a receber o nome icônico. Foi Eva Cárdenas, que entrou para a Inditex para assumir a parte de cosméticos, que deu os primeiros passos nessa aventura, em 2002, em perfeita sintonia com o que estava ocorrendo no mercado. A vida caseira e a vida familiar estão tendo cada vez mais importância na sociedade. Nas palavras de Eva, "Moda é uma maneira de pensar, agir e viver. Tem tudo a ver com a cultura e a época em que estamos vivendo". Já há algum tempo que se tem notado que as pessoas têm investido mais dinheiro para decorar suas casas do que em suas vestimentas. Donna Karan, Armani, Calvin Klein e todos os grandes gênios de marcas internacionais têm voltado suas atenções à criação de coleções para o lar, sendo que alguns já vêm decorando até mesmo hotéis.

Quando Ortega decidiu lançar essa linha, a equipe responsável tinha tudo preparado para apresentar o projeto ao Conselho, exceto o nome mais adequado. A piada interna era que elas seriam as "lojas sem nome". Preferiram Zara Home, como uma extensão natural da marca, mas o chefe discordou. Estava ciente do risco que corria se as coisas não fossem tão bem quanto previsto. No dia em que foi apresentada a loja piloto em Arteixo, Ortega ficou tão emocionado que chamou todos que estavam trabalhando na ocasião, de gerentes a estoquistas, para vir contemplar aquele feito. Eva lembra que não dava para evitar a pergunta: "Qual será o nome?". De acordo com Eva, a parte da equipe mais envolvida no projeto insistia que deveria se chamar Zara Home e que seria um sucesso. Ortega ainda não estava convencido. Ante o desespero de todos, ele somente respondia que tínhamos que ganhar dinheiro. Já havíamos feito o trabalho mais difícil, que era transformar o conceito num bom produto; não nos permitiríamos falhar só por causa do nome.

O Cliente é o Rei

"Finalmente – ela continua – após infindáveis insistências e discussões, no dia em que celebrávamos a Véspera de Ano Novo de 2002, ele veio até nós, sorrindo de orelha a orelha, e disse: 'O que vocês vão me dar se eu deixar que chamem de Zara Home?', e nós respondemos: 'Um beijo!', entusiasmados com aquela demonstração de confiança. Garantimos que não o desapontaríamos; então, no dia 1º de agosto de 2003, abrimos a primeira loja em Marbella. Houve alguns empecilhos que nos impediram de seguir a tradição de abrir em La Coruña, mas ainda assim foi um sucesso total."

Eva é outra mulher de grande personalidade que está por trás de Amancio. Ela confessa que o que realmente a deixa pasma é que "você acaba achando que aquele é o seu próprio negócio". Ortega consegue fazer com que as pessoas o sigam, pois é um *verdadeiro* líder, aquele que lidera pelo próprio exemplo – um homem que arregaça as mangas, sabe como delegar tarefas e transfere grandes responsabilidades. "Mais de uma vez, quando estava indecisa e perguntava sua opinião, ele dizia, 'E por que está aqui? Precisa aprender a tomar tais decisões'. Na verdade, ele está por trás de tudo e envolvido em tudo, mas dá sua total confiança desde o primeiro momento. É simples e amigável, nada parecido com aqueles diretores frios que se vê por aí, e mistura senso de humor com exigência, o que nos contagia. Nunca está satisfeito e isso faz com que tenhamos um desejo de nos superarmos continuamente, de ir atrás de mais e do melhor".

Outro fator destacado por Eva Cárdenas é "sua memória impressionante. Nunca se esquece de nada, seja com relação às pessoas quanto com a empresa. Possui uma visão espacial extraordinária: pode observar uma planta e saber como será a loja quando estiver funcionando. Deixa todos os arquitetos impressionados". Pergunto a ela como acha que Amancio desenvolveu tais habilidades e sua resposta é que ele tem um sexto sentido quando a questão é qualidade. "Pode olhar para milhares de roupas penduradas em cabides e, imediatamente, escolher as melhores. Assim também é com comida – um apaixonado pela excelência e pela beleza. Por isso a Inditex é o que é".

7. UM PROJETO ÉTICO FEITO SOB MEDIDA

AMANCIO ORTEGA ESTAVA BRONZEADO e com um aspecto esplêndido no último dia de agosto de 2007. Enquanto metade da Espanha estava voltando do feriado, ele me recebia em seu posto de comando, em Arteixo, portando o sorriso largo de alguém que se encontra em paz consigo e com a vida. Aproximou-se com sua confiança habitual e me cumprimentou com naturalidade e carinho, só para dizer o quanto estava feliz em ver que passei por lá para dar um oi. Atravessava um momento de plenitude. Sua imagem na mídia nacional e internacional de gênio da indústria têxtil e de distribuição do século XXI, e de criador brilhante de um negócio pioneiro e revolucionário no mundo da moda, crescia a cada instante.

Durante aqueles últimos dias de agosto, testemunhamos o terremoto que devastou o Peru. Quase que imediatamente, a imprensa declarou que a Inditex contribuíra com um milhão de euros para amenizar um pouco a tragédia e ajudar as vítimas. Descobri que, depois disso, muitas outras empresas acrescentaram milhões a essa causa humanitária, impelidos pelo gesto de Ortega. Foi um exemplo óbvio da enorme influência que a Inditex ou, nesse caso, Amancio, seu presidente, exerce em cada atitude tomada, não só em seu setor, mas em tudo o que faz ou promove.

Naquela manhã, antes de voltar a Madri, tive a oportunidade de parabenizá-lo pela rapidez em reagir ao ocorrido. Esse foi o ponto de partida de um novo intercâmbio de impressões sobre a vida em geral. Sei que todas as vezes em que nos sentamos para conversar, preciso repetir os mesmos argumentos para que não tenha reservas em expor suas opiniões para mim. "Gostaria que soubesse a influência que possui e, em consequência, a responsabilidade que tem em todas as suas ações", disse eu, ao nos cumprimentarmos. E prossegui em minha reflexão sobre sua habilidade em quebrar recordes, não só quando se tratava de atingir cifras de proporções astronômicas, mas também em questões alheias aos negócios, como essa resposta tão ligeira ao contribuir com o terceiro mundo. Contei-lhe que, assim que soube daquela decisão, liguei para Javier Chércoles – seu diretor de Responsabilidade Social Corporativa – para pedir que me dissesse como estavam sendo canalizados seus esforços. Javier respondeu de Lima que Amancio não estava satisfeito em só mandar uma doação expressiva ao lugar da tragédia e que havia pedido que algumas pessoas fossem até o local para colaborar no que pudessem, tendo em vista a destruição em massa. Trabalhavam dia e noite em parceria com várias ONGs, garantindo assim que a ajuda fosse levada a quem mais precisasse. Essa contribuição, mais uma vez, transformou-se numa experiência inovadora. Ortega respondeu: "Sim, alguém tem que dar o primeiro passo. No entanto, faço essas coisas porque quero, não para que falem de mim. Não preciso de nada. O que fiz já está feito; também não preciso ficar desfilando por aí".

Ortega e seu comprometimento com uma ação solidária

Javier Chércoles se juntou à nossa conversa, mesmo tendo acabado de chegar de Lima. Foi uma boa oportunidade para perguntar aos dois quais eram suas percepções quanto à Responsabilidade Social Corporativa (RSC), algo fundamental numa empresa do calibre da Inditex. Javier disse que quando soube do terremoto, ligou rapidamente para Ortega. Sem contar o fato de que a Inditex tem uma fábrica de confecção no Peru, também se envolve profundamente nas execuções e, subsequentemente, nas iniciativas que são conhecidas como os "Programas de Desenvolvimento Comunitário", particularmente na área da educação. Após uma conversa breve e direta por telefone, que abrangeu um plano de ação já predeterminado, pediu que Amancio desse sinal verde para doar fundos ao programa emergencial do Peru.

A reação de Ortega foi instantânea. "Perguntou-me com quem iríamos trabalhar, por que lá e não em outras localidades com catástrofes semelhantes, quais seriam as somas envolvidas e também se eu estava planejando organizar outros tipos de ações. A primeira resposta já o tranquilizou – os agentes responsáveis seriam aqueles que pudessem garantir ajuda imediata para aliviar o sofrimento das vítimas do desastre de forma transparente, eficaz e segura; em outras palavras, os gestores seriam seus bons amigos e conselheiros da ONG *Fe y Alegría* [Fé e Alegria] que nunca o decepcionaram e que, nessa ocasião, junto com a Caritas, convocaram as 'comunidades cristãs de base' e seus párocos para administrar o auxílio que chegaria nos próximos dias. Enviamos apoio para o Peru, seguindo a mesma linha do que fizemos com a *Prestige*, no Sri Lanka e no Marrocos, onde trabalhamos e desenvolvemos alguns projetos exemplares."

Como ação adicional, alguém sugeriu uma ideia que fez Ortega titubear por uns instantes: teriam que publicar essa ação em particular em jornais de grande circulação. Ortega não gosta muito de divulgar o que faz, e isso se deve em parte por um princípio cristão básico e muito respeitado ao qual ele sempre se ateve: "nunca deixe sua mão esquerda saber o que a direita está fazendo". No entanto, ele aceitou a proposta. Se a Inditex divulgasse tal ação, seria bastante provável que outras multinacionais espanholas seguissem seu exemplo e tomassem providências imediatas. Compreendeu o fato e a resposta foi rápida: "Estou de acordo, mas ligue para Pablo Isla. Explique a situação e se *ele* concordar, então pode seguir em frente".

Transcorreram apenas cerca de quatro minutos de conversa por telefone, uma pessoa na Galícia e a outra em Valência. Já naquele instante, Ortega havia formulado um modelo de intervenção estratégico para uma catástrofe complexa, mas, talvez, o mais importante foi sua decisão de enviar o executivo de maior escalão do setor RSC para gerir o começo do programa, em meados de agosto. Era importante, em termos reais, "estar lá". Uma decisão rápida e lógica, resultado do bom senso e de algo que desenvolveu ao máximo: um discernimento claro do que está envolvido na responsabilidade social.

Ficamos conversando por um bom tempo sobre responsabilidade social. Javier, que fala na velocidade do som e não há quem o interrompa, é um grande especialista no assunto, e pode explicar isso com todos os detalhes que puder imaginar. Acredita que seu presidente é um homem que dá total liberdade a qualquer um em que confie. Chércoles argumenta que "Ortega é uma das poucas pessoas que me deram permissão de desenvolver tantas ideias quanto quisesse para estruturar o modelo de um negócio sustentável. Nunca impôs barreiras ou obstáculos no meu caminho. Quando planejávamos implementar o primeiro relatório sustentável em 2002, ele me pediu para fazer uma apresentação de quatro minutos ao Comitê de Direção para justificar tal decisão. A maioria era contra a ideia, pois seríamos os primeiros a revelar os segredos da empresa; nossos concorrentes não estavam preparados para isso. Era desnecessário e inoportuno, de acordo com um dos executivos presentes. Na questão mais delicada sobre as defesas da preparação do relatório, Ortega interveio: 'vocês não entenderam nada. É uma exigência mundial. É exigido por mim e, por conseguinte, pela Inditex. Se não embarcarmos agora, vamos perder o barco. Excelente apresentação. Vá em frente', ele concluiu. O resultado foi que essa companhia tornou-se a primeira com cotações no Ibex a publicar seu relatório".

O departamento de Responsabilidade Social Corporativa surgiu a partir de uma apresentação feita por Javier Chércoles a José María Castellano, em março de 2000. Na época, ele trabalhava como diretor de uma consultoria estratégica na PriceWaterhouseCoopers para outras marcas da indústria têxtil, entre elas a GAP, Timberland, Sara Lee e Nike. Ele também estava colaborando com o escritório de Londres para desenvolver um projeto da British Petroleum. Seu sócio majoritário pediu que ele preparasse uma proposta para a Zara, em La Coruña, e Chércoles lhe pediu "carta branca" para fazer algo inovador, já que a Inditex nunca havia contratado serviços de consultoria. Para preparar a apresentação, baseou-se na utilização de um programa de dinossauros para crianças que comprara na noite anterior, em Trafalgar Square.

Tudo girava em torno de "mordidas" que os dinossauros – raptores – davam na reputação da empresa. Cada raptor possuía um nome em latim e cada acionista *stakeholder* estava associado com um nome similar. *Raptores* e *stakeholders* eram as personagens principais. Havia um breve relato que dizia, basicamente, que as "partes interessadas" mordiam, se achassem necessário. Em outras palavras, quando "mordiam", não negociavam – faziam isso igual aos tiranossauros do período jurássico. Era pura provocação, pois a Inditex nunca compraria um projeto de consultoria estratégica.

Chércoles pediu desculpas pela insolência do conteúdo da apresentação. Explicou a Castellano que, se em algum momento aquilo chegou a ofendê-lo ou a empresa que ele representava, ele poderia fazer outra apresentação mais convencional. Mas Castellano deixou que ele continuasse. O grito do primeiro raptor surpreendeu o até então número dois da Inditex; era o grito que, posteriormente, permitiria o desenvolvimento do projeto de RSC na Inditex. Felizmente, aquilo coincidia com uma preocupação corporativa em particular da Inditex e, no fim das contas, com a decisão estratégica de Ortega de introduzir a empresa na Bolsa.

O projeto de consultoria estratégica para a definição e medição de um código de conduta foi aprovado, logo em seguida, por Ortega. Começou em setembro de 2000 sob o título "Um projeto ético feito sob medida". Entre outras atividades, incluía-se a realização de entrevistas com mais de quarenta dos mais altos executivos da Inditex, com perguntas específicas relacionadas aos aspectos éticos do modelo empresarial da companhia. Tudo corria de acordo com o plano, até o dia em que Chércoles teve que realizar uma entrevista com Ortega. Javier me disse que comprou uma gravata da Zara para a ocasião e que, quando deixou escapar onde a havia adquirido, o chefe comentou: "ela não combina muito com você".

A reunião, planejada para durar cerca de quinze minutos, acabou levando mais de três horas. Ortega começou tentando descobrir um pouco sobre a vida privada de Chércoles – quem ele era, o que ele fazia, o que esperava da vida etc. Conversaram sobre sua família, sua religião e suas crenças éticas, assim como sobre seu código de valores. Acabou sendo uma radiografia completa do homem que, alguns meses mais tarde, seria convidado para gerenciar o primeiro projeto de responsabilidade corporativa na Espanha.

Durante todo aquele tempo em que conversaram, trataram de assuntos como a abertura do capital da empresa, que ocorreria em breve, o efeito que teria sobre a companhia e os futuros desafios que seriam encarados. Antes de concluírem, Ortega perguntou a ele qual era a meta de seu trabalho. Para encontrar uma resposta para uma pergunta tão direta, Javier Chércoles se apoiou numa história dos Irmãos Grimm, *João Sem Medo*.

Era uma vez, um jovem rapaz que não tinha medo de nada nem ninguém, mas houve um dia em que uma bruxa cortou sua cabeça e ele viu a si mesmo. A partir dali, ele conheceu o medo. Ortega riu da explicação: "se esse é o seu plano de mostrar as coisas para mim, vai em frente!", ele disse.

Era novembro. Essa conversa teve consequências imediatas: era preciso dar um giro de 180 graus com relação aos objetivos finais do projeto, por isso, em dois meses, precisaria ser feito um primeiro rascunho do código de conduta. Em segundo lugar, isso deveria acontecer a curto prazo. Em outras palavras, se tivesse passado pelo Conselho Administrativo, na época, e o resultado da verificação fosse publicado, certamente haveria problemas. Para isso, Chércoles concentrou todos os seus esforços em visitar as fábricas dos fornecedores em Marrocos, Portugal e Espanha – um exercício bem diferente do que estava acostumado no trabalho de consultoria.

O primeiro rascunho foi entregue à diretoria em fevereiro de 2001 e, após uma revisão por consultores independentes, o relatório foi apresentado. Ortega parabenizou-os pelo projeto. Quando Chércoles voltou para o escritório, recebeu um telefonema convidando-o a assumir o projeto de RSC na Inditex. Três semanas depois, juntou-se ao time do grupo.

Pouco tempo depois, apresentava-se a primeira estratégia de implantação de um modelo de RSC na Inditex. Para isso, utilizou-se de uma apresentação que incluía duas opções. Uma era bastante ambiciosa, envolvendo transformações profundas e efeitos dramáticos a curto prazo; a outra, por sua vez, era conservadora, baseada em mudanças lentas e que seguiam exemplos definidos por outras empresas no setor. Logo no início das hesitações expressas pela diretoria, Ortega foi bem claro: "Vamos optar pela difícil". Com a aprovação do próprio Ortega e do Conselho Administrativo da Inditex, o plano transcorreu sem mudanças significativas. Era uma estratégia que incluía, entre outras coisas, a oferta de um compromisso único e unilateral de mudanças e uma nova maneira de desenvolver um modelo empresarial sustentável, numa época em que o conceito de sustentabilidade ainda era muito ausente nas estratégias corporativas dentro e fora da Espanha.

O compromisso tornou-se realidade e firmou-se a adesão à plataforma Global Compact das Nações Unidas; a Inditex era a primeira corporação espanhola a adotar esse compromisso de forma voluntária. "Em que bela confusão nós nos metemos!", comentou Ortega. "Tudo o que temos que fazer agora é trabalhar, trabalhar e trabalhar. Ninguém vai perdoar um fracasso."

Outra das ações previstas pela estratégia foi a proposta de criação de um Conselho Social que responderia diretamente ao Conselho Administrativo da Inditex e, por consequência, ao aparato de "bom governo" corporativo. Na ocasião, essa proposta coincidiu com a primeira compra de ações de uma companhia no Ibex 35 por parte de acionistas SETEM, para exercitar o que é hoje conhecido como *contestability*. Mais uma vez, Javier Chércoles buscou o apoio de Ortega. Dentro da empresa, muitas vozes se erguiam contra seu projeto, particularmente sobre a velocidade com que as coisas estavam acontecendo. As ONGs, os acionistas, os jornalistas – todos questionavam o modelo da Inditex.

A única ferramenta disponível para corrigir esse tipo de situação era aumentando a transparência. Amancio compreendeu isso e ficou clara a necessidade de um órgão consultivo criado por empresas terceirizadas; empresas que até 2001 não estavam muito compatíveis com a realidade que a Inditex vivia, assim como, praticamente, todas as empresas do Ibex 35. Não foi fácil pôr isso em prática seis anos depois. O conselho é um modelo de referência para regulamentar as relações entre o terceiro setor e a implantação harmônica do Código de Conduta de Oficinas e Fabricantes Externos da Inditex.

O pior momento aconteceu após a destruição de uma fábrica têxtil em Bangladesh. A fábrica desabou em Savar, na região central de Bangladesh, devido a erros na mistura do concreto. A Inditex só havia produzido trinta mil itens ali, mas o número era irrelevante. Nem importava que houvesse sido um comerciante indiano que, sem permissão para tal, "movera" a produção de trinta mil camisas polo infantis para a campanha de verão do cone sul da Índia para Bangladesh. Outras multinacionais imensas no setor de distribuição têxtil estavam produzindo milhões de unidades na época do desastre. Nada disso importou. A única coisa que importava era que a Inditex havia fabricado ali.

As palavras de Ortega a Chércoles foram: "Faça o que for necessário para resolver essa situação. Não me interessa a imprensa, o que importa é resolver a crise imediata e efetivamente. E ajude as pessoas. Se precisarem de nós, vamos ajudá-las". Javier, imediatamente, foi para Bruxelas para encontrar com Neil Kearney, Secretário Geral da International Textile, Garments and Leather Workers Federation [Federação Internacional de Trabalhadores de Têxteis, Vestuário e Couro]. Tinha uma ordem expressa: a Inditex estava disposta a resolver a crise, não importavam os custos, para definir um precedente para ações futuras. Ao ouvir isso, a expressão de Kearney mudou. Foi a primeira vez que ele tinha ouvido uma afirmação dessa natureza, diretamente do presidente de uma multinacional têxtil. Neil aceitou o desafio e retirou a postura ofensiva.

Chércoles e Kearney viajaram a Dhaka. Em comunhão com os principais sindicatos locais, organizaram uma força-tarefa cuja finalidade era a de avaliar os danos e estabelecer um programa de ação inicial para mitigar o sofrimento imediato das vítimas e de seus familiares. Dentro de duas semanas, todos os feridos foram evacuados para hospitais particulares. Aventou-se a possibilidade de criar um fundo de pensão para lidar com situações semelhantes em outras localidades, calculado pelo RSC e verificado por equipes de organizações de reconhecido prestígio internacional (KPMG International).

Algumas das maiores corporações internacionais do varejo e da distribuição eram contra isso. Se o fundo – Spectrum Voluntary Relief Scheme – fosse criado, poderia ser reutilizado no futuro, o que levaria as atenções a todos os riscos que isso poderia implicar para a indústria.

Hoje, o Spectrum Voluntary Relief Scheme é uma realidade como ferramenta essencial de ação para calcular danos e sequelas físicas que resultam de acidentes nos campos de trabalho do Terceiro Mundo. Em termos reais, é um elemento-chave para a gestão e negociação de crises humanitárias semelhantes àquela ocorrida na fábrica Spectrum, em Bangladesh.

Após o caso Spectrum, foram emergindo outras melhorias, como o aumento do salário mínimo no país. Talvez, a consequência mais importante disso tudo foram os movimentos organizados com o objetivo de estabelecer e defender os direitos de associação e negociação coletiva nas fábricas dos fornecedores da Inditex. Como resultado dessas ações, mais de dois mil e oitocentos sindicalistas do Terceiro Mundo foram readmitidos nas fábricas de seus fornecedores, em cenários geográficos complexos e díspares, tais como Peru, Marrocos, Turquia, Índia, Bangladesh, Tailândia e Camboja.

Isso levou a um novo conceito do modelo de negócios. Talvez estejamos ante uma mudança de paradigmas tanto na forma de intervenção – participação igualitária de representantes sindicais locais e internacionais, compradores em nível mundial e associações empresariais – como nos métodos de resolução, por meio da criação de um sindicato capaz de desenvolver "relações industriais maduras entre todas as partes envolvidas".

É igualmente importante destacar a assinatura de um tratado internacional entre a Inditex e a Federação Internacional de Sindicatos para, conjuntamente, supervisionar a implantação adequada do Código de Conduta de Oficinas e Fabricantes Externos em sua cadeia de produção. Os sindicatos foram convidados para participar dos processos de estabelecimento e supervisão dos dois pontos-chave contemplados pelas maiores convenções da Organização Internacional do Trabalho: os direitos de associação e negociação coletiva. Isso significa a existência de um acordo único e inovador que, até então, ninguém tinha se atrevido a assinar.

Novamente, Ortega apoiou o projeto. Ele precisava estar presente, dar o primeiro passo e se comprometer. Após a assinatura do acordo, em 2007, por Pablo Isla, Ortega juntou-se às discussões privadas subsequentes. Os convidados foram Neil Kearney e Fiteqa (representantes da Federação de Trabalhadores de Têxteis, Vestuário e Couro).

Eu mesma sou testemunha de que Pablo Isla, numa conferência para ex-alunos do ISEM Fashion Business School na qual explicou o modelo de negócio da Inditex, fez uma apresentação magnífica sobre uma série de projetos bastante inovadores em lojas na Espanha dirigidas por incapacitados física e mentalmente. Outro exemplo de que a empresa aceita seu compromisso com a responsabilidade social como ponto de partida para seu modelo de negócio, não como característica final ou adicional em suas prestações de contas.

As metas do RSC não são econômicas. A responsabilidade social está presente em todos os procedimentos do grupo como uma medida lógica que se insere na sociedade como um todo e, em particular, nas comunidades onde opera. É impressionante observar como os programas de fortalecimento da cadeia de produção têm aumentado a produtividade dos fornecedores. Não é só uma mera atitude politicamente correta, senão algo que foi implementado no DNA do grupo e em sua cultura empresarial. A Inditex iniciou um processo de comprometimento de mudança desde o nível mais humano, baseado na transmissão, fomento e respeito aos direitos humanos e trabalhistas que afeta mais de mil e trezentas fábricas de fornecedores externos. De um ponto de vista empresarial, é por meio desse processo, em colaboração com sindicatos e suas federações internacionais, que muitos empresários de países em desenvolvimento têm entendido que podem ser realizadas mudanças sem causar traumas.

Chércoles adora explicar que a situação criada com o uso dessa fórmula é o resultado de um modelo de negócio que evolui dia após dia. É a consequência de uma visão muito positiva que pode ser adotada graças ao diálogo contínuo com os grupos de interesse em países industrializados e em desenvolvimento. É possível observar novas relações e papéis surgindo entre sindicatos e multinacionais. Esse paradigma dá lugar a ações de investimento social sustentável, como, por exemplo, as lojas geridas por grupos distintos, como deficientes físicos e mentais, além de prisioneiros em regime semiaberto.

Um aspecto que enche de satisfação aqueles próximos a Amancio Ortega é a comprovação de que essa estratégia da RSC beneficia não apenas os empregados diretos da Inditex, mas também um grande número de pessoas envolvidas em fábricas de fornecimento externas. É uma excelente oportunidade para que todo mundo possa crescer pessoal e profissionalmente, pois oferece uma nova maneira de encarar o futuro. Todos, de Amancio Ortega e Pablo Isla até o último funcionário, são comprometidos com a causa.

O sucesso de uma empresa com alma

De tempos em tempos, Amancio insinua que eu não deveria lembrá-lo de minha avidez em difundir nossas conversas. Mesmo assim, insisto que, já que tive a sorte de conhecer o que reside por trás da empresa dele, tenho uma certa obrigação de relatar tudo. No entanto, gostaria também de tranquilizá-lo. Com uma mistura de resignação e confiança, sempre repete: "Não cabe a mim ensiná-la seu trabalho. Mas gostaria de deixar bem claro que, se atingi algo em minha vida, isso aconteceu porque acreditei em minha fórmula e porque houve muita gente – milhares delas – que também acreditaram. Frequentemente, penso que gostaria de mudar minha aparência física só para continuar a ser eu mesmo, com a minha vida de sempre e com ninguém falando sobre mim".

Depois dessa introdução amigável, agora relaxado e no terreno sólido da confiança, passamos a outro tópico. Quero que ele explique algo que faz parte, precisamente, da sua maneira de direcionar a vida – esses fatores de grande valor que não podem ser definidos em escolas de negócios nem ensinados em livros. Digo-lhe que sua empresa possui alma e, tendo feito tal afirmação, sinto que peço a ele que me fale mais a respeito. Ele parece disposto a isso, embora de início pareça que vá sair pela tangente. "Este verão, falei com um grande homem de negócios que começou a trabalhar aos 13 anos de idade, igual a mim, e trabalhou até os 19. Depois entrou para a faculdade e, com muito esforço e sacrifício, realizou uma coisa impressionante. Disse-me que é simples ver coisas boas tanto na vida privada quanto na vida profissional. O mais importante é ser simples. E acho que ele acertou em cheio. Quando pensa em tudo que está à sua volta, distinguindo com clareza o que te deixa feliz, chega-se à conclusão de que o mais básico é o melhor. Se tiver sorte o bastante de perceber isso, é como se ganhasse o prêmio máximo na loteria, pois poderá ser feliz nas vinte e quatro horas do dia. Nesse sentido, ser feliz é fácil. E o melhor dessa constatação é que você descobre que pode transmitir tal felicidade, tal estado mental, tal bom humor, à sua família, aos funcionários da sua fábrica e aos seus amigos.

"Quando se está em paz consigo mesmo, você chega em casa ou ao trabalho com pensamento positivo e transmite esse otimismo a todos. A vida é muito mais fácil do que parece." Após uma pequena pausa, acrescenta: "Mas também é preciso propor a si mesmo criar algo de novo, inventar algo diferente. Nada é mais recompensador do que se dedicar de corpo e alma a algo que acredita que *deveria* estar fazendo".

Esse empresário amigo de Amancio (não cheguei a descobrir seu nome) deixou uma impressão bastante positiva em Ortega. "Estávamos jantando aqui em La Coruña, encantados por poder viver em paz, livres do medo e sem guarda-costas, pois não saímos por aí chamando a atenção para nossas vidas. E chegamos à conclusão de que, de certa forma, algumas pessoas perderam o bom senso necessário para lidar com suas vidas. Hoje em dia, existe mais acesso ao conhecimento, em muitos casos pode-se ter uma excelente educação, mas há muita ambição e uma terrível obsessão para ganhar dinheiro, dinheiro, dinheiro."

Nunca esquecerei o tom de voz com o qual Amancio, o homem que volta e meia figura nas listas dos mais ricos do mundo, comentava sobre essa realidade evidente. Apesar de sua posição, ele consegue observar o mundo à sua volta com uma visão crítica que assume a forma de uma reflexão profunda. "Dinheiro sempre existiu e, em termos absolutos, é um mal por si só. O que acontece é que, na atualidade, há muitos excessos e muita ostentação. Esse desejo de possuir casas, carros, tirar férias de luxo – foi tudo muito longe! As pessoas perderam a noção. Ninguém quer se privar de nada. Será que é tarde para sair dessa corrida fatal?". Mas, com uma percepção mais otimista e esperançosa, ele mesmo responde sua própria indagação. "Não acho que seja. Espero que as pessoas se deem conta do erro que estão se deixando levar pelo sonho consumista – nenhum bem pode vir disso. Sobretudo é importante educar as crianças para que elas não tenham essa atitude".

Nesse clima de familiaridade que foi gerado entre nós, atrevo-me a dizer que sua fórmula de distribuição de roupas *just in time* é uma das maiores causas que favorece o consumo de roupas, particularmente entre os jovens. Como é um homem sem malícia, aceita a afirmação, mas também é inteligente e acrescenta que minha interpretação pode ter outra leitura: "O que temos tentado é transformar a moda em algo acessível para todos. É claro, você está certíssima quando diz que é o amor pela novidade que promove o consumismo, mas precisa aceitar também que, em nossas lojas, as roupas não são caras e, graças à nossa fórmula, vestir-se bem é uma opção para muito mais gente, e sem custar os olhos da cara".

Esta é a primeira vez que o pego admitindo sua influência no mercado como um todo. "Como sempre, precisa haver uma bandeira a ser levantada. Uma das coisas boas a respeito de nossa empresa é que muitas outras nos seguem, sentem-se atraídas a seguir na mesma direção. Alguns não só pensam, mas confessam fazê-lo: 'ou vamos na sua direção ou desapareceremos'. É um fato que a moda tornou-se socialmente democrática. Vestir-se bem não é mais um luxo exclusivo da elite."

"Diria, então, que esse é um dos principais segredos do sucesso da Zara?", pergunto ao presidente da Inditex. "Uma das principais coisas que nos ajudou na estrada para o êxito nas vendas é que recebemos informação diariamente sobre o que acontece em todas lojas ao redor do mundo. O consumidor é quem está no comando, com mais força a cada dia, e aprendemos que é fundamental escutá-lo". Enquanto ele fala, vejo-me pensando em tudo aquilo e, por fim, pergunto se ele alguma vez imaginou que seu futuro seria tão brilhante. Amancio me responde: "Se tivéssemos ideia do que seria o trabalho do dia a dia nessa aventura, não teríamos tido a força para seguir em frente. Não acho que faria tudo de novo. O trabalho que acumulamos durante todos esses anos é uma barbaridade".

"É preciso gostar das pessoas que trabalham conosco – é uma obrigação!"

Ortega sempre fala dos seus como "o mecanismo que nunca me deixou parar, nem antes, nem agora. São tantas as pessoas que têm seu ganha-pão pelo fato de tudo ter dado certo! E todas fazem parte do meu ser! Quero que saiba que realmente amo aqueles que tornaram possível esse empreendimento. Nunca deixo de dizer aos meus gerentes que 'é preciso gostar das pessoas que trabalham conosco, é uma obrigação. É preciso estar perto delas, de suas preocupações, do que elas são, de suas casas, de suas famílias, não apenas acompanhando seu trabalho. Assim darão tudo o que podem. Se não as amar, não chegará a lugar algum'. Sempre lembro do que minha equipe costumava dizer para mim quando encerrávamos uma reunião: 'Preocupe-se em tomar conta de nós que nós tomaremos conta da empresa'. Se precisar de pessoas que deem o sangue por você, e pedir com carinho e afeição, conseguirá tudo o que quiser e além".

Quando pergunto como ele chega a essas convicções e como trata de transmiti-las, ele diz logo: "São atitudes que se possuem ou não. Mas o fato é que é preciso correr atrás para adquiri-las. Não cabe dizer com orgulho: 'Eu fiz isso'. Tem que dizer a verdade: todos fizemos isso. Uma coisa da qual, realmente, tenho orgulho é que as pessoas fazem seu trabalho e o veem como algo delas. É a mesma sensação de quando se tem filhos e eles se tornam melhores naquilo que você faz. O mesmo acontece com as pessoas que treina. Não há satisfação maior do que ver as pessoas à sua volta fazendo um lindo trabalho e além de seu dever.

"Na vida, quando se dedica a fazer algo em que acredita e que pode fazer, você vai atingir o sucesso. Ruim é descobrir que está rodeado de pessoas que não creem naquilo que têm em mãos, nem nos projetos aos quais foram designadas, nem contam com esse tipo de sorte que tive. Porque trabalhar naquilo que gosta tem uma grande parcela de sorte. Por isso que sempre tentei encontrar o lugar mais adequado para cada indivíduo, assim todos podem desfrutar ao máximo de suas funções."

Como comentei em outros capítulos, Ortega gosta de falar com seus empregados. "Gosto de conhecer as pessoas que estão ao meu lado. Já disse milhares de vezes que não tenho um escritório para mim, nem grande nem pequeno. Não digo isso para atrair atenção ou porque soa bonito – é somente a verdade. Sempre fui assim, pois gosto de andar de um lado para o outro do edifício, mantendo-me atualizado de tudo o que acontece. É assim que percebo que nossa qualidade está melhorando. No setor feminino, agora, temos uma excelente recruta que trabalhou na Argentina e no México, e ela logo compreendeu o que fazíamos. Tento não perder de vista todos esses detalhes, porque são os detalhes que formam uma companhia. Neste negócio, as pessoas o aplaudem num dia e o condenam no outro, e nós sabemos disso. A empresa funciona bem, porque somos muito claros quanto às nossas funções: se forem cumpridas, tudo continuará bem, ou ainda melhor dia após dia."

"Sr. Ortega"

Durante uma de minhas visitas à Inditex, conversei com muitos empregados, entre eles uma mulher, Pilar Denllo, que passou muitos anos à frente de uma das fábricas, Sanlor, que trabalha para a central. Contou-me em detalhes como a empresa cresceu; ou melhor, contou em detalhes como todos cresceram juntos. Começou lá quando era só uma garota em uma das oficinas, como muitos outros funcionários que possuem história parecida, e me falou sobre as jornadas intermináveis nas quais Ortega era quem mais se dedicava para transformar aquela oficina rudimentar na fábrica que ela hoje dirige. Ela não consegue esconder sua autêntica admiração e respeito pelo chefe. Para ela, mais importante que o laço de amizade que os une é o "Sr. Ortega".

"Vê como as pessoas realmente gostam dele?", ela me pergunta, como se estivesse se desculpando por seu entusiasmo. "Ele, realmente, é tudo o que se quer num chefe. Não encontrará ninguém que fale mal dele; nem o funcionário mais recente nem a moça que passa as roupas. Ninguém. Cada um tem sua opinião a respeito da empresa, mas quanto a ele ninguém discorda, e só ouvirá coisas boas."

Comentei com ela que o próprio Amancio, na verdade, pediu-me para que eu não escrevesse um livro que só tecesse elogios e, por isso, gostaria de saber mais sobre como havia sido o princípio de tudo. Citei o fato de que ouvira rumores de que ele pagava mal e explorava as pessoas das oficinas. Sua resposta foi sem hesitação: "Isso nunca aconteceu. Ele é a generosidade em pessoa. Como ousam dizer que ele explorou pessoas! Posso garantir que ele sempre disse o mesmo aos gerentes das fábricas: 'respeite as oficinas. Tome conta do pessoal das oficinas. Sempre se lembre disso, pois você', e isso ele disse a mim, 'receberá o mesmo salário independente do que aconteça, mas se a oficina não tiver trabalho, eles não terão sua renda.'"

Pilar salienta que Ortega sempre reforçou a ideia de responsabilidade, tanto que ela nunca para de pensar nos fatores da Seguridade Social, garantindo-me que sua oficina é 100% legalizada. "Não é fácil, pois, hoje em dia, não se acha tanta gente feliz em operar uma máquina de costura como se via antigamente. Tenho oficinas na Galícia", ela continua, "e se as meninas nos deixam é muito complicado substituí-las". O fato é que a tarefa é difícil nessa era da tecnologia, mas, com seus mais de sessenta anos, Pilar ainda insiste que tem orgulho de trabalhar com uma firma igual a essa. "Às vezes, digo a Ortega que deveria ser eu quem deveria pagar para trabalhar para essa empresa. Lembro de um dia em que ele me agradeceu em frente a um grupo de pessoas por trabalhar com o mesmo nível de dedicação, mesmo depois de tantos anos, e ainda manter a mesma empolgação pelo trabalho. Amancio é uma pessoa com uma alma muito emotiva, e, apesar de às vezes ser duro e tomar decisões difíceis, possui a humildade de ser grato e a sensibilidade de se preocupar com a última pessoa que conheceu."

Quando peço, antes de terminar nossa conversa, para que ela faça uma avaliação objetiva do presidente da Inditex, ela diz: "Exige de você, impõe-se, faz com que dê sempre o seu melhor. Trabalhar ao lado dele é o mesmo que não parar de progredir, pois quando ele lhe pede o que parece ser impossível, você descobre que consegue se superar, mesmo sem saber de onde veio tal força. Ele confia em você, pois sabe que não deixará de retribuir. Acontece que todos se sentem donos da empresa. Mesmo hoje, sem estarmos tão próximos quanto costumávamos, por causa do crescimento da firma – às vezes, um ano passa e nem se vê –, reunimo-nos de vez em quando e continuo a ter a mesma sensação de que eu sou a empresa. Todos nos sentimos assim, pois ele nos ensinou isso. Trabalhar com Ortega é um crescimento pessoal e profissional".

8. COMO AMANCIO VÊ SUA EMPRESA E SUA VIDA

Um longo almoço com o presidente da Inditex

SOU RECEBIDA EM LA CORUÑA, na primeira semana de maio de 2008, por um céu azul, sem uma nuvem sequer. Mais uma vez, combinei de almoçar com Amancio Ortega, após ter trocado impressões com diversas pessoas por um período de uma semana. Um passeio pela marina é a melhor preparação para uma conversa com esse homem que parece ser tão calmo quanto o Mar Cantábrico, próximo a Finisterra, onde o oceano irradia força e mistério.

Uma paisagem que reflete a personalidade do protagonista deste livro, alguém que todos admiram, porém, alguém que pode fazer todos tremerem, não apenas quando é firme, mas – e isso é muito pior – quando ignora. Como essas ondas revoltas que se quebram nos rochedos e levam tudo o que veem pela frente, sem nenhuma consideração pelo que estão varrendo.

Nossa reserva é para uma e meia da tarde, tendo em mente que teremos tempo o bastante para o nosso papo sem pressa. Alguém aparece e me diz que ele se atrasará alguns minutos, pois surgiu um assunto urgentíssimo. Disseram-me que ele sentia muito por esse imprevisto, mas que não demoraria a chegar. De fato, em menos de dez minutos, eis que chega Amancio, relaxado como sempre. A primeira coisa que ele faz é se desculpar pelo atraso; como o próprio diz, ele raramente se atrasa e, quando isso acontece, sempre é por uma questão de força maior.

Lembro-o de que, em outro de nossos encontros, ele disse, como está em outro lugar deste livro, que foi seu pai, um responsável ferroviário, que inculcou nele a importância da pontualidade absoluta. "Gosto de ser pontual", digo a ele, "mas há momentos em que algo acontece que torna isso impossível". Amancio concorda. "Você está certa", ele acena com a cabeça, "mas, para mim, a pontualidade não é só algo que herdei de meu pai; é porque o tempo é mais valioso do que parece ser para outras pessoas. Acho que fazer alguém esperar, independente de quem seja, é falta de educação, pois indica que você não valoriza o tempo ou a pessoa que está esperando por você. Não temos o direito de fazer os outros perderem tempo por nossa causa". Sua expressão muda, e fica bastante sisuda, quando fala de uma pessoa que ele conhece que acha graça da sua mania de chegar sempre atrasado aos compromissos. "Algum tempo atrás, tive que ficar bravo com ele, e disse: 'Fulaninho, isso não pode acontecer de novo. Veja se não esquece que eu sou o presidente, está bem?' Isso pareceu curar o problema".

Essa é a primeira vez que o ouço falar algo do tipo. Parece quase que um despropósito em relação à sua abordagem costumeira de, praticamente, nunca falar sobre si mesmo, já que não gosta muito de exibir o cargo que tem. Ainda seria mais improvável ele mostrar seu cartão de visita (o qual, é claro, nunca fez).

Dirigimo-nos à sala de jantar e, uma vez sentados, ele começou a falar comigo sobre algo em que estava pensando. Sei que no fundo ele rejeita a ideia de que eu possa falhar em transmitir algo crucial, por causa de um excesso de admiração pessoal por ele. Com um tom de voz bastante sério, ele repete como se nunca tivesse dito antes o que já tinha ouvido milhares de vezes: "Peço que, por favor, esforce-se para sua história não se focar só na minha trajetória. Não consigo ficar falando sobre mim ou como cheguei até aqui. Eu me sentiria um tolo, se ficasse falando sobre mim mesmo. Pela enésima vez, vou repetir que a Inditex é a história de muitos indivíduos. Uma vez que isso fique bem claro, fale com outras pessoas que achar que podem ajudá-la melhor. Descobrirá que, se tiver dez pessoas na sua frente, cada uma delas dará uma opinião diferente, pois cada um vê e sente a partir de seu ponto de vista". Ótimo. Perfeito. Concordo com tudo o que me disse e, em troca, explico meus argumentos, inclusive o enorme interesse que tanta gente tem, hoje em dia, por conhecer como e quem é Amancio Ortega.

Ele é um homem robusto, com uns quilinhos a mais do que quando o conheci, com entradas no cabelo um pouco mais pronunciadas e sempre com uma camisa impecável – às vezes branca, às vezes azul – e uma jaqueta esportiva cinza. Escutava-me atentamente com a mesma atitude compreensiva de sempre. Mas, naquela ocasião, ele parecia estar na defensiva, talvez um pouco mais sério do que o normal; posso até dizer preocupado. Falamos sobre o equilíbrio entre a confiança que merece nossa amizade e sua avidez por proteger sua privacidade. Nenhum dos meus argumentos convencem-no de forma plena, pois sente que, até certo ponto, está traindo seus próprios princípios. Penso se será possível que ele mantenha essa postura sem se alterar.

Pablo Isla, vice-presidente e CEO, senta-se à mesa, à minha direita e de frente para o presidente. Escuta nossa conversa como um espectador numa partida de tênis – esporte que Ortega é aficionado, e eu também – enquanto as bolas vem e vão a toda velocidade. Provavelmente, está à espera de quem vencerá o jogo.

"Entendo perfeitamente o que está dizendo, Amancio", eu digo, mantendo o mesmo tom de voz, "mas, simplesmente, terá de aceitar o que já disse repetidas vezes a você. Agora, ninguém mais ficará satisfeito com uma foto que apareceu num relatório da empresa quando ela foi para a Bolsa de Valores, ou alguma das fotografias em que está ao lado de sua filha Marta, em Casas Novas, quando há alguma competição hípica da qual ela participa. As pessoas, na verdade, têm o direito de conhecer o homem que fundou essa empresa que hoje está em toda parte – em cada *point* da moda, cada evento varejista e onde quer que o futuro das indústrias têxteis esteja sendo discutido."

Imediatamente, suspeitei ter exagerado em meus argumentos, abusando de sua habilidade para aceitar a ideia por trás do meu livro. Meu argumento era como uma pequena fenda naquele muro blindado que Ortega havia construído, com muito esforço, ao seu redor. Para deixar bem clara sua postura, com a expressão de alguém que sente ser urgente explicar algo de suma importância, ele responde: "Tem uma coisa muito importante que você parece não compreender, que é o fato de eu não ser especial". E continua com total convicção: "Considero-me um trabalhador que teve a tremenda sorte de ser capaz de fazer da vida algo que queria, e de poder continuar nessa senda. Essa é a verdadeira história e a única história que quero que seja transmitida: o que significa o trabalho. Além dessa minha premissa, outra questão ainda mais importante: se existe algo do qual tenho orgulho é das pessoas que estiveram ao meu lado".

Tendo estabelecido as regras do jogo, Amancio voltou a ser a pessoa relaxada de sempre. É como se essas ideias viessem do fundo do seu ser, e uma vez que foram liberadas, ele se viu livre de todas as preocupações e pôde expressar-se com total franqueza: "Meu sucesso é o sucesso de todos que trabalham e trabalharam ao meu lado. Nenhum ser humano consegue ser tão inteligente, tão poderoso ou tão arrogante a ponto de achar que pode construir uma empresa como esta sozinho. É preciso que haja muita, mas muita gente mesmo", sua voz se torna ritmada, "que devote suas vidas à empresa. Muitas pessoas", e ele parece vê-las passar em sua tela mental, vindas dos quatro cantos do mundo, "muitas pessoas ajudaram a construir essa maravilhosa realidade, desde o início até agora".

Na época, com apenas 44 anos de idade, Pablo Isla assumiu a responsabilidade de seus deveres com total dedicação e entusiasmo como tantos outros, como Castellano, os quais, como diria Ortega, por diversas razões, não estão mais com ele. "Encontrar profissionais desse nível", conferindo um olhar de muita gratidão para o novo CEO, "é uma bênção divina, acima de tudo. Escolher funcionários é sempre uma incógnita. Quando vê que sua empresa está operando graças a eles, sente-se uma grande tranquilidade com relação ao futuro. Essa é a verdadeira sorte e ela nunca me deixou."

Então, quando chega a hora de escolher gerentes cruciais para a empresa, o que ele procurou neles, já que, no início, ele tomou as rédeas como presidente da Inditex? O que precisa saber sobre eles antes de confiar-lhes papéis-chave? Sua resposta é categórica: "O que importa para mim, acima de tudo, é a qualidade da pessoa que está vindo trabalhar conosco. Tento descobrir quais são seus valores; estou interessado em sua vida familiar, suas integridades humana e pessoal que serão expressas em suas capacidades profissionais para a função que exercerão. Mas a personalidade é primordial. E, raramente, estou equivocado". Como ele as julga? O que ele pede a elas? Não há qualquer pingo de hesitação em sua fala. Afinal de contas, passou muitos anos cercando-se só pelos melhores, e sabe muito bem o que quer. "Peço várias coisas, mas a primeira, a que dá origem às outras, é um verdadeiro senso de comprometimento com seu trabalho. Será que eles realmente acreditam no que dizem, quando falam sobre sua vontade de vir trabalhar conosco? Sempre procurei pessoas que se encaixassem no perfil da companhia, que entendessem nossos valores. Um de nossos valores é que a responsabilidade exige ações rápidas, independente de seu cargo. Um problema deve ser resolvido sem atrasos; é preciso compreender minuciosamente o que quero dizer quando falo que somos feitos por uma rede de lojas com uma empresa anexada: tudo o que fazemos é para assegurar que as lojas permaneçam focadas nas vendas. Todos servimos às lojas."

Apesar de sua idade e posição como executivo internacional, Ortega está longe de ser arredio. Aborda a todos de maneira amigável e, em certa medida, pede que o tratem com o mesmo nível de confiança. Possui a capacidade de captar a verdade nas pessoas à sua volta, e é fundamental para ele que todos expressem suas opiniões. Amancio espera que todos digam claramente o que pensam, goste ou não do que vai ouvir. Ele assume os erros porque é flexível, mas age rapidamente e nem todos conseguem acompanhá-lo. Dá para entender por que algumas pessoas foram ficando para trás.

Falo que gostaria de saber o que ele sente quando contempla sobre o que seu negócio representa hoje em dia. "Você sente que realizou algo de grande magnitude? Consegue perceber que, graças a você, a moda agora é vista de maneira diferente, em qualquer lugar do mundo?" Esse homem, com uma mente sempre afiada, é especialista em ter o controle da situação: "Olha só, você, eu, todos aqueles que acreditam e todos os seres humanos, todos devemos nossa existência a Deus. É claro, no meu caso, sinto que devo a Deus e à Inditex. Essa empresa ainda tem muito a percorrer; não tem limites. Evidentemente, estamos diante de uma crise econômica, mas precisamos nos concentrar nos países emergentes: China, Rússia, Brasil, os países do Leste Europeu etc. Nesse sentido, a economia vai de vento em popa, pois existem novos mercados com novos tipos de consumidor surgindo, e nós temos todos os meios empresariais de produção, logística e distribuição para atender tal demanda.

"Se uma companhia não cresce, ela morre. Uma empresa precisa estar viva. Fiz setenta e dois anos no dia 28 de março passado e sinto que não podemos parar de crescer. Ninguém jamais conseguiria destruir essa empresa, porque as pessoas que nela trabalham são excelentes e estão completamente comprometidas, desde o pessoal que toma conta do transporte, para que a mercadoria chegue a tempo em qualquer lugar do mundo, até as pessoas que criam os *designs* para a produção inteira e aqueles que lançam novos projetos. A companhia tem que continuar indo pela trilha certa".

O que a Zara significa para Ortega?

"O que a Zara significa para você?", pergunto, já que concordamos em conversar sem reservas. E na mesma medida ele me responde: "Para mim, significa serenidade, não um espetáculo. É uma marca que surgiu numa empresa que queria ver as mulheres do mundo todo bem vestidas, não se mostrando. O mesmo estilo de mulher pode ser encontrado em todas as lojas Zara. É verdade que sempre se seleciona um estilo, pois seria, simplesmente, impossível dar conta de todas as características do mundo. Não se desenvolve diferentes *designs* para 80 países; desenvolve-se uma vestimenta que atenda 80 países. Não é tão difícil", diz Amancio. E como sei que ele gosta de curiosidades sobre coisas que se passaram comigo em relação à sua filosofia comercial, ouve com atenção quando lhe conto o que ocorreu, num belo dia de agosto, quando vi na Zara da rua Velázquez uma jaqueta de pura lã que achei perfeita. Como fazia um calor infernal (cerca de quarenta e dois graus), pensei que não era o momento mais apropriado de comprá-la e decidi esperar até setembro, antes de viajar para o México. Mas, quando voltei à loja, apesar de Madri ainda estar parecendo o deserto do Saara, a jaqueta tinha esgotado! Por mais que a procurasse em outras lojas da Espanha, não havia sobrado nenhuma, nem mesmo nas vitrines, que é, geralmente, a última esperança nesses casos. Então tive que me conformar em viajar sem ela. Imagine minha surpresa quando, ao chegar à Cidade do México, fui dar um passeio à noite para espairecer depois de dez horas de voo. De repente, vi-me na melhor rua da capital, de cara com uma vitrine espetacular da Zara, e lá estava a tal jaqueta! Entrei na loja... e que decepção! Aquela jaqueta já estava esgotada em todas as lojas do México, e aquela peça da vitrine estava reservada para uma cliente que viria buscá-la no dia em que eles fossem renovar o estoque.

Amancio riu e disse que, conhecendo a empresa como eu a conhecia, deveria saber que uma parte fundamental da estratégia era nunca repetir um produto para, exatamente, evitar uniformes. "Se vir uma roupa da Zara que lhe agrade, você é quase que forçada a comprá-la naquele momento, pois corre o risco de não encontrá-la mais. As linhas são universais e nossos clientes têm o mesmo gosto, como podemos constatar a cada dia que passa. Para ser bem-sucedido, temos que acertar no produto."

Algo que Amancio considera fundamental é ser fiel à essência da Zara. "Volta e meia falava com a minha esposa, Flori, que, como sabe, foi responsável por muitos anos pelo *design* de interiores: 'Não quero que haja nada em nossas lojas que lembre luxo, pois não harmoniza com nossa essência. Nosso foco é a mulher real, o público real, não sonhos.'"

E continuou dizendo que, há não muito tempo, foi verificar uma lâmpada que fazia parte da vitrine de uma das lojas piloto no prédio principal em Arteixo. Achou que aquela lâmpada sofisticada não era adequada ao produto e mandou substituí-la imediatamente. Disse que parecia muito ostentosa e não combinava com a alma da Zara. Falou com o encarregado do tema e explicou detalhadamente suas razões para sempre procurar manter-se de acordo com o perfil habitual de bom gosto, mas sem fugir da ideia principal – respeitando o DNA. O responsável disse que, além de não ter acertado na escolha, lamentava estar sozinho num trabalho tão fundamental, sem ter um colega com quem comparar as ideias para chegar a um tipo de equilíbrio. Confessou a Amancio que se sentia solitário nesse setor que tanto dependia de imaginação e criatividade para transmitir a verdadeira imagem da marca. "Estava absolutamente certo. Todos que são responsáveis por não trair os princípios, frequentemente, sentem tal solidão; precisamos ao nosso lado de alguém a quem recorrer. Precisamos de amigos."

Quando pergunto o que é que o mantém na ativa após todos esses anos, ele responde: "Aprender e crescer. Continuo observando o que está acontecendo no mundo e continuo ouvindo. Até bem recentemente, os países ricos ficavam na região da Arábia e do Japão. Agora é a Rússia e a China. Nessas partes do mundo há uma porcentagem significativa da população com muito dinheiro, e gastam tudo o que têm, pois pensam que 'o que vem fácil, vai fácil.'"

Um fim de semana em Roma

Amancio me conta que passou um longo fim de semana em Roma, na Embaixada da Espanha, em frente à Santa Sé. Esse edifício, a representação diplomática mais antiga do mundo, foi criado pelo Rei Ferdinando, o Católico, no ano de 1480. O reconhecido Palazzo di Spagna deu seu nome à famosa Piazza di Spagna, sempre abarrotada de turistas que sobem e descem pelas escadas de pedra que se erguem até a igreja Trinitá dei Monti. Essa joia do período Barroco se deve em parte ao trabalho do escultor Borromini, que também desenhou a ampliação do edifício. A escadaria imponente sobe até o vestíbulo principal da embaixada, onde somos surpreendidos por dois magníficos bustos esculpidos por Bernini: "Alma Abençoada" e "Alma Condenada".

Localizado em pleno centro histórico de Roma, ao longo dos séculos, o palácio foi ponto de encontro de um mundo divertido, no qual artistas de todos os gêneros se mesclavam com os romanos, que iam para lá para desfrutar de um dos lugares mais conhecidos da capital italiana, e que sempre transborda vida. Esse palácio testemunhou a passagem dos mais diversos convidados, como Garcilaso de la Vega, Casanova e o pintor da corte, Diego Velázquez.

Vários embaixadores que ostentaram essa representação fazem parte da história política da Espanha desde a época dos Reis Católicos até hoje, e eles ficam em Roma ocupados com a defesa de tais interesses religiosos.

Embora ninguém tenha divulgado o assunto, Ortega está envolvido pessoalmente na restauração da embaixada. O próprio embaixador convidou-o a passar ao seu lado o longo fim de semana do Dia da Imaculada Conceição, em 2007, para que testemunhasse uma cerimônia tradicional na qual o papa se aproxima da estátua da Virgem, situada em frente ao Palazzo di Spagna. Lá, seguindo uma antiga tradição, o mais antigo bombeiro da cidade sobe uma escadaria e coroa a Virgem. O Santo Padre, então, faz um discurso à multidão reunida nessa praça histórica. Os embaixadores recebem o papa na porta e, em seguida, presenciam a cerimônia do balcão da fachada principal. Amancio, fiel ao seu empenho de jamais ser a estrela de nenhum *show*, recusou o convite naquela ocasião, mas prometeu voltar posteriormente, o que de fato ocorreu, no início de fevereiro de 2008.

Voltou bastante impressionado pela grandeza de Roma e pela beleza de suas ruas, pois gostou de ter tido a imensa sorte de visitar o Vaticano com seu bom amigo, o embaixador Paco Vázquez, que foi prefeito de La Coruña durante muitos anos. "Sabe qual foi o comentário que alguém fez, mas só me contaram um dia após meu retorno? 'Será possível que vi Ortega passeando com o prefeito pelas ruas de Roma?'", conta-me, soltando uma grande gargalhada. "Preciso rir, primeiro porque alguém, de fato, reconheceu-me andando pela rua, em segundo lugar porque alguém chamou o embaixador da Espanha de 'prefeito'!"

Amancio admira Vázquez. São bons amigos e ele fala com verdadeiro entusiasmo sobre o tempo que desfrutou na companhia desse anfitrião de luxo, que

Como Amancio vê sua Empresa e sua Vida

o levou para os lugares mais badalados da capital italiana. "Imagine só! Visitei Roma dezenas de vezes, mas sempre a trabalho! Gosto mais daquela cidade cada vez que a visito, mas o que vivi nesse último fim de semana foi completamente diferente!" Logo, então, liberta suas memórias dizendo: "Certa tarde, fomos convidados ao Palazzo Colonna. Outra maravilha. E como os príncipes nos receberam! Eram perfeitos, pois eram tão naturais, e ao mesmo tempo tão graciosos. O melhor momento para mim foi quando cumprimentei a princesa e ela me disse que sempre quis me conhecer e me convidar ao palácio, pois era uma grande admiradora do meu trabalho. Se for pensar que, mesmo com a moda fantástica disponível em Roma, com todas aquelas empresas de luxo de nível internacional, um membro da mais alta estirpe da antiga aristocracia romana ficou encantado com a Zara! Isso me deixa boquiaberto... Nunca me acostumo a ouvir esse tipo de coisa. Continua parecendo que não é comigo. Quando contei ao meu amigo Paco, ele disse: 'Mas você tem ideia de quem é?', e eu disse: 'É claro que sim. Exatamente por isso que não consigo entender o que tem demais.'"

Pergunto a ele se é verdade que está financiando a restauração com seu dinheiro. Silêncio. Quem cala consente, como dizem. Mas como não pode negar, torna-se um exemplo claro da maneira como age. Como já comentei, detesta ficar aparecendo e, de forma inteligente, desvia a conversa de volta às suas impressões da viagem. "É preciso amar a beleza; é uma das coisas essenciais na vida. Na Itália, eles sabem disso muito bem. Dá até para sentir no ar que se respira. Por exemplo, quando olhei para a fachada do Palazzo di Spagna, percebi que foi pintada em quatro cores bastante similares, mas em diferentes tons. Isso que dá essa qualidade maravilhosa. Vázquez se superou durante os três dias que estive lá. Para começo de conversa, quando cheguei, não tinham baixado a grande bandeira espanhola que havia sido hasteada para receber o papa. Depois, ele me levou para ver todos os arquivos da Biblioteca do Vaticano e aquele lado do museu. Fizemos um bom passeio por uma pequena parte de Roma, pois em três dias mal dá para começar a ver o que essa cidade tem a oferecer. Fiquei profundamente impressionado pelo Panteão e todos aqueles monumentos que ecoam das ruínas de civilizações que desapareceram. É uma cidade que o transporta para o passado. Mas o que mais me tocou foi a estátua da Pietá, no Vaticano. Era impossível acreditar que um ser humano poderia ter sido capaz de criar algo tão sublime, tão divino. O amor que os italianos têm por sua cidade, por sua história e pela beleza em geral é, verdadeiramente, maravilhoso. Realmente, adoraria voltar lá."

No meio da conversa, ele confessa algo que diz muito sobre seu jeito: "Nesses momentos tão especiais que me conscientizo das minhas carências. Ao falarem da minha carreira, nunca deixam de repetir mil vezes o fato de que comecei a trabalhar aos 13 anos. É verdade, mas o que não é dito é que nunca tive a chance de estudar o suficiente. Era impossível, e hoje em dia é algo que sinto falta. Para poder trabalhar com aquela idade, tive que abrir mão de muitas coisas. É simples assim. Minha universidade é minha profissão. Queria ser um tipo diferente de executivo, mudar socialmente o mundo. O que posso dizer, quando olho para trás, é que consegui alcançar aquilo que me propus, pois a matéria-prima de um galego é extraordinária. Todos se comprometeram mais do que o comum à minha empresa."

Essa viagem a Roma não foi a trabalho, mas "ao voltar a La Coruña, a primeira coisa que fiz foi contar ao pessoal como o povo de lá admira nossas lojas. Não foi para deixá-los convencidos, mas para que compreendessem a responsabilidade que carregam. As lojas de Roma estavam transbordando de gente. Não estou acostumado a ver tantas clientes elegantes carregando grandes sacolas cheias das nossas roupas".

Do vilarejo em León para o mundo

"As coisas não são tão difíceis quanto gostamos de achar que são", ele diz, pensando em voz alta sobre a situação atual. "Quando olhamos muito, tudo parece complicado. Tudo o que tem a fazer é trabalhar, mas trabalhar com paixão. Foi o que meus pais me ensinaram, e eram apenas meros trabalhadores, pessoas que passaram por barbaridades na Espanha. Viveram no País Basco, antes da Guerra Civil Espanhola; então, meu pai foi transferido para Busdongo, o vilarejo em León onde nasci. Depois da guerra, voltamos para o País Basco. Vivi em Tolosa até os doze anos, e foi quando nos mudamos para La Coruña, porque, mais uma vez, meu pai havia sido transferido para lá.

"Voltei para aquela parte do país só quando abri a primeira loja em Oviedo. É um pequenino vilarejo, com umas quatro casas. Encontrei uma pessoa que se lembrava de nós, embora, é claro, não tivesse me reconhecido. Em outra ocasião que passamos por um povoado em León e na peregrinação do Caminho de Santiago de Compostela fomos reconhecidos, mas tudo o que disseram foi: 'Dá para ver que esses aí não são metidos'. Disseram isso, porque havia passado outro 'peregrino' por ali, alguns dias antes, rodeado de jornalistas que estavam fazendo uma matéria que sairia pouco tempo depois na revista *Hello*. Nunca aguentaria uma situação dessas. É muito importante para mim ser só mais um na multidão."

Pergunto a ele quais são suas cidades favoritas no mundo. "São todas tão diferentes" – diz logo, sem hesitação. "No momento, estou encantado com Roma e determinado a voltar lá. Achei a Cidade do México muito interessante devido ao seu passado, mas há um tremendo contraste entre riqueza e pobreza. Temos tanto a aprender! E, com um olhar para o futuro, Dubai é um lugar incrível, construído entre o mar e a areia."

Quando me interesso sobre se existem muitas lojas nessa parte do globo, a resposta de Amancio demonstra que ele está absolutamente atualizado com as notícias do planeta. "Há uma porção delas no mundo árabe, mas por causa das complexidades culturais, são todas franquias."

Apesar de saber que ele detesta falar sobre sua riqueza, tenho que perguntar o que representa para ele ter tanto dinheiro. Sua resposta é clara: "Ser capaz de gastar naquilo que acho importante, sem fazer alarde; ser capaz de ajudar muita gente e suas famílias a viverem com dignidade".

Quando uma pessoa atinge um sucesso igual ao dele e estabelece esse tipo de situação na vida, será que existe algo que possa fazê-lo sofrer? "Não há ninguém que possa me machucar. O passado está passado. É como se estivesse vestindo um traje de armadura. E digo mais: posso afirmar que não guardo rancor de ninguém." Pela absoluta convicção de sua resposta, mostro minha expressão de espanto e comento: "Sério? Mas é impossível o que está dizendo!" Então, ele se corrige: "Bom, se for uma pessoa sensível, pode sofrer com qualquer coisa, mas em outro nível; injustiça, por exemplo. O que tem acontecido com o mundo tira qualquer um do sério. Mas a única coisa que, realmente, não tolero de maneira alguma é a menor indicação de um ataque à minha família. Se colocar meus filhos no meio, não dou trégua."

Em seguida, a expressão dele suaviza novamente, quando lembra de sua mãe, Josefa. Seu sentimento por ela é imenso e seus olhos ficam marejados só de lembrar daquela mulher que morreu aos noventa e quatro anos. "Flori, minha esposa, esteve com ela, praticamente, até o fim. Visitava-a todo santo dia. Lembro-me de certa vez tê-la levado para ver Marbella em meu avião, e ela me olhava com uma admiração que só uma mãe pode expressar: 'Será este meu pequeno Choliño?' Ela sempre me chamava assim e hoje meus sobrinhos me chamam de Tio Cholo. Meu pai, por outro lado, era um homem mais sério, de extrema retidão. Morreu aos 90 anos. Mas quem me ama como se eu fosse a última pessoa da Terra é minha irmã Pepita."

O que o mantém trabalhando após tantos anos? Sente-se o mesmo homem que vislumbrou um nicho de mercado no mundo da moda? Ainda vê a vida com o olhar de um explorador? Diverte-se ao ouvir minhas perguntas, porém, brilha em seus olhos a realidade dos anos em que era "o primeiro a chegar e o último a sair". Quase soa como se estivesse se desculpando, quando diz: "Hoje em dia, não chego antes das onze da manhã, embora sempre chegasse às nove. Mas posso me dar a esse luxo, pois sei que as pessoas para quem deleguei minhas funções são extremamente responsáveis, e tudo está a salvo em suas mãos. Eles são bastante capazes de manter os fornos acesos."

Como esse fim de encontro depois do almoço se converte naquele típico momento em que se fala de tudo, surge o tema da crise econômica que se aproxima. Ortega não se incomoda: "Não se pode ter medo de uma crise como essa, quanto mais ser dominado por ela, pois o medo pode paralisá-lo. Lembro-me de quando eu era criança e costumava chegar tarde à minha casa, a alguns quilômetros da estação – às vezes, sentia tanto medo que mal podia me mexer. O medo o prejudica. É preciso sempre se arriscar."

O Paço de Anceis

Mudo de assunto e falo sobre Fernando Caruncho, um amigo meu e grande paisagista que desenhou jardins no mundo todo. Ouvi dizer que eles eram amigos e que Caruncho estivera envolvido na remodelação do famoso Paço de Anceis. Essa antiga e aristocrática casa de campo, agora propriedade de Amancio, é conhecida como uma das mais impressionantes de toda a Galícia. "É uma casa muito bonita do século XVI. Uso-a como casa de campo, e sim, você está certa, pedi a Fernando Caruncho para desenhar um jardim para mim. Disse-lhe que queria vacas e hortas, mas esse cavalheiro é muito mais refinado que isso, e estava determinado a fazer um jardim francês. Por fim, o projeto não foi a lugar algum, mas nos tornamos bons amigos. Gosto de conversar com ele de vez em quando; ele me ensina coisas do mundo da arte que muito me interessam."

Por uma dessas coincidências da vida, poucos dias depois do meu almoço com Ortega, vi-me no mesmo voo que Fernando Caruncho. Comentei que Amancio havia falado comigo sobre ele, inclusive o fato de que admirava seu estilo de vida, seu extraordinário toque estético. "Suponho", disse eu, "que tenha feito maravilhas na casa". Fernando me disse: "Essa casa em Anceis é um encanto e tenho uma ótima história para contar sobre ela. Quando fui até lá, Ortega deixou bem claro que não era para eu fazer um projeto de jardim para uma casa do século XVIII, mas algo adaptado ao século XXI. Compreendi que tal sofisticação não fazia parte de sua personalidade e, como a casa é feita para seu dono, não para quem a desenha, tentei agradá-lo ao máximo. Conversamos muito antes de começar o projeto, pois é importante conhecer bem seu cliente.

"Tem uma aparência de um 'filho da terra'; parece ter a perspicácia de quem vê muito mais adiante. Ninguém entende muito bem até onde ele consegue ver. *Ele* sabe o que está vendo, mas seu foco de visão é um mistério para todos os outros. Seu pensamento não está focado em princípios conceituais – parece estar concentrado em ideias que, provavelmente, emergem de um mundo interior com o qual ele está familiarizado, mas é desconhecido a todos nós. O mais surpreendente nesse homem é que nem o dinheiro nem o sucesso o mudaram. Ele é fascinante, único dentre todos que já conheci. E é exatamente tal essência de homem simples, de 'filho da terra', que o faz dar um valor tão especial ao trabalho. Se eu estivesse na pele dele, seria uma desvantagem muito grande ser mundialmente famoso. É muito difícil não deixar ser levado pela onda da vaidade, e ele optou, exatamente, pelo caminho contrário; preservou a privacidade como a base de sua vida.

"Projetei um jardim agrícola para ele. Tinha os prados que ele havia me pedido, com uma grande piscina para seus filhos, mas minhas ideias foram além do que ele queria. 'Ninguém poderia ter desenhado algo mais belo', ele disse quando viu o projeto, 'mas não pretendo fazê-lo dessa maneira'. Entendi o que ele quis dizer. Ele dizia: 'Não me obrigue a fazer isso na minha casa. Prefiro ficar onde estou, sendo quem sou, sem querer nada além'. Não queria um ambiente onde não pudesse ficar confortável. Trata-se de um dilema muito importante: as pessoas podem criar a si mesmas? Até que ponto? Até quando pode continuar a criar a si mesmo sem ser influenciado por um ambiente onde perde sua personalidade? São temas de suma importância para ele, que se esforça ao máximo para preservar sua singularidade.

"Estou convencido de que Amancio é um homem com uma missão, e o perigo de perder aquele caráter que o faz se destacar do resto das pessoas seria muito grande. Ele tem tanta certeza do que é e do que tem a fazer, que qualquer coisa que o afaste dessa senda leva-o a se reestruturar. O que ele me disse foi: 'É uma pena que não possamos fazer da forma que desenhou, mas não é o certo para mim. Prefiro continuar onde estou'. Quando existe uma força enorme associada a uma missão, quando se tem certeza de quem você é e do que deveria estar fazendo, não há por que mudar sua opinião.

"Não fiquei desapontado, pois essa experiência me levou a conhecer essa pessoa. Passamos a nos entender e nossa amizade surgiu daí. Foi um resultado muito autêntico e sincero. 'O que quero é continuar com minha vida sóbria e pacata. Vamos dar os nomes aos bois. O que está me oferecendo é algo que nunca poderia construir na minha privada, pois, de alguma maneira, vai me contaminar. Para mim, seria uma exibição de grandeza, e eu não quero sair da minha zona de conforto'. Aprendi uma lição com isso, que é o fato de que ele não queria algo que não estivesse de acordo com a forma que ele via a vida, por mais que o admirasse."

Fernando Caruncho continua: "Passados alguns anos, recebi outra ligação dele. Embora meu projeto para a casa de Anceis não tivesse dado em nada, mostrou que ainda tinha fé em mim ao pedir que o ajudasse com sua nova casa em La Coruña. Quando apresentei meu projeto, ele disse a mesma coisa: 'É maravilhoso... mas impossível'. A casa é maravilhosa, mas completamente fechada, com a entrada por trás. Tem um pátio central com uma claraboia. Criei um pequeno jardim com uma fonte central e sugeri que ele pusesse um grande retrato dele pintado por Hernán Cortés na parede, o que o deixou fascinado e, para ser franco, foi o único aspecto do meu projeto que aconteceu. É uma pena que ele não se arrisque mais. Precisa de alguém que o dê um empurrãozinho, incentivá-lo a dar um passo além. Assim eu poderia fazer projetos grandiosos para ele!"

$$\ast\ast\ast\ast\ast$$

Antes de terminar minha conversa com Amancio, tinha mais uma pergunta a fazer: "O que sente que ainda há por fazer depois de tudo o que conquistou? Acha que, além da quantidade colossal de trabalho que oferece emprego a tanta gente, mês após mês, de famílias que vivem graças à Inditex e de milhões que trabalham para a companhia indiretamente, existe algo que deveria fazer para passar para a posteridade como sua grande obra? Algo que queira fazer pela humanidade?" Ele respondeu da seguinte forma: "Sei que a sociedade espera de nós muito nesse aspecto. Exige que enfrente tragédias, perigos e as desigualdades do mundo, e quer que faça algo semelhante ao que fez em sua vida profissional. Pedem que faça algo. Mas o que é esse 'algo'? Olho à minha volta e vejo a África, por exemplo, e fico imaginando por onde começar. Certamente, não deixaria para trás uma pirâmide ou um monumento. Quando olho para a África, vejo uma porta aberta. Fizemos algumas coisas boas no Marrocos, por exemplo, e em outros lugares onde milhares de pessoas foram ajudadas. É claro, nunca é o bastante".

Ele compara isso com algo mais próximo. Antes de nos despedirmos, Amancio, como um pai que se preocupa com o futuro dos filhos, falou a respeito de Marta, sua filha mais nova, algo que raramente o faz. "Ela estudou na Suíça e em Londres. No momento, está em Barcelona, cuidando da marca Bershka. Quanto ao futuro, quem sabe? O que me dá muita tranquilidade é que conseguimos passar pela segunda geração quase sem ninguém notar. Não gostaria nem um pouco se a imprensa decidisse fazer comentários sobre a vida dela. Quero que a deixem em paz, que aprenda e trabalhe, depois veremos o que ela poderá fazer no dia de amanhã. O problema da sucessão está resolvido, porque tudo já foi delegado."

Aproveitando o assunto familiar inesperado, pergunto-lhe sobre seu recente interesse em cavalos. "O que o fez decidir construir o Centro Equestre Casas Novas?", ao que ele respondeu: "Não havia estruturas voltadas para o esporte na região, e como não sei fazer nada pela metade, acho que se tornou uma coisa bem interessante. Agora, mais 200 crianças podem cavalgar. Minha filha Marta gosta bastante desse esporte e achei que seria uma boa ideia organizar alguns concursos hípicos. As competições ocorrem em julho e setembro. Adoro assistir a montaria do pessoal."

9. A FORÇA MOTRIZ

"Ninguém veio a este mundo por acaso"

NUMA TARDE DE MAIO, APÓS COMERMOS EM ARTEIXO, Amancio e eu continuamos conversando até eu ter que me dirigir ao aeroporto. Era um daqueles momentos mais relaxados que gostamos de curtir para sair da rotina de trabalho e falar de assuntos mais pessoais. Naquele dia em especial, Amancio parecia radiante e tranquilo, um tanto bronzeado, pois tinha acabado de voltar de sua peregrinação pelo caminho de Santiago de Compostela.

Contei-lhe que no verão anterior passei vendo o pôr do sol pelo Cabo Finisterra e como se formava uma infinita linha do horizonte. Aquele ponto (Cabo Finisterra) é a culminação da peregrinação que Amancio tanto gosta. Naquele fim de tarde, quase noite, um grupo de peregrinos contemplava esse belo espetáculo. Ali perto havia uma fogueira onde alguns dos andarilhos estavam queimando suas botas como símbolo de ter deixado para trás tantas coisas que descobriram nos diferentes caminhos de suas jornadas. Tudo se transformava em fumaça e cinzas e fiquei comovida pela cena, pois pude contemplar quão magnífico o mundo é. Então, disse a Amancio: "E você, com seu trabalho, tornou o mundo um pouco melhor?" Tal comentário o transportou imediatamente a essa paixão dos últimos anos da qual falou a respeito em diferentes momentos. "O que fazemos, nós peregrinos do Caminho de Santiago, é mudar a forma com que vemos as coisas para nos focarmos naquilo que é verdadeiramente importante. Num mundo tão materialista quanto o nosso, viver como vivemos – encarando as coisas sem planejamento – muda-nos para o bem. O caminho o faz refletir profundamente. Percebe-se que a reflexão o leva a encontrar sentido na vida, o que é algo que não é tão fácil de fazer em outro tipo de ambiente. E quando se percorre determinada distância, você não consegue simplesmente esquecer. Descobri que durante o ano todo fico com vontade de voltar para lá. Quando chego a Santiago, depois de alguns dias vivendo num mundo que é muito diferente do meu habitual, tenho uma sensação que é impossível de explicar. Quase sempre ligo para Flori, minha esposa, para dividir essa vivência com ela. No ano que vem, farei a jornada pela Estrada Norte, partindo de Santander. Outro dia lhe contarei o que quer dizer ser um peregrino por uma semana."

Com verdadeiro entusiasmo, continuou explicando o que significavam para ele esses dias incomparáveis, dias em que podia deixar de lado todos os problemas surgidos em sua rotina diária por tantos anos. Contou-me que já havia feito o Caminho de Santiago quatro vezes, sendo que duas foram a partir de Roncesvalles e duas de Sevilha. Ele estava planejando traçá-lo pela quinta vez, em 2008, com quatro de seus amigos mais antigos da academia. Esse homem que teve a coragem, vigor e força para liderar sua empresa, resolver seus problemas e superar seus dissabores, queria vivenciar alguns dias completamente diferentes, dedicado a algo contemplativo, algo que tem importância e que significa viver como um outro peregrino qualquer. Percorrer a pé quilômetros e mais quilômetros por dia com motivações espirituais proporciona um profundo processo de autorreflexão, com apoio incondicional da natureza.

Ouvindo-o falar de forma tão intensa e emocionada sobre a estrada para Santiago, pergunto já sabendo a resposta: "Você crê em Deus?" Ele responde: "Sim, creio em Deus. Desde criança fui criado sob os ensinamentos da fé e sei que existe alguém ou algo muito importante me guiando. Há alguns bons anos, fui submetido a uma cirurgia bastante complicada nos Estados Unidos. Fiquei com muito medo. Naquele momento de ansiedade, prometi ao meu 'amigo' que se eu me safasse daquela operação, faria a peregrinação de Roncesvalles a Santiago. Senti-me mal por pedir coisas ao Todo Poderoso. Nem consigo pedir mais nada, depois de tanto que já me foi dado. Mas eu me coloco nas mãos d'Ele, e Ele me escuta."

Sua expressão fica mais séria quando se lembra de que "houve um tempo em que a empresa estava numa situação complexa, passando por dificuldades, e pedi a Deus que não me levasse naquele momento. Aquele era meu único recurso. Também, há alguns anos, pedi a Deus que me desse um pouco mais de tempo, porque a empresa precisava de mim. Se eu fizesse esse pedido hoje, seria por puro egoísmo, porque tudo está nos trilhos. Tudo que peço agora é saúde e luz para que eu possa tocar as coisas até o fim".

Uma reflexão válida de quem já conquistou tudo, mas sabe que não foi só pelos seus méritos. Insiste no impacto que a peregrinação teve sobre ele, com uma mistura de profunda gratidão e determinação constante. Isso o ajudou a ter foco na vida. Claramente, Deus ouviu suas preces quando ele estava nos Estados Unidos, porque ele não precisou de quimioterapia, já que o pequeno tumor foi removido com sucesso. Tendo deixado para trás esse período de dificuldades, passou a meditar sobre o verdadeiro sentido da vida: "estou absolutamente convencido de que todos estamos neste mundo por alguma razão. Ninguém veio a este mundo por acaso. Durante a peregrinação, fui capaz de olhar para trás e ver tudo o que havia ocorrido nesses anos todos como um sonho impossível. Há uma razão para eu ter sido a peça-chave em tudo o que aconteceu. Hoje teria sido muito difícil ter erigido essa empresa, e isso é uma coisa que me deixa feliz e maravilhado, ao mesmo tempo".

Toda palavra que profere é sincera e sinto a convicção de quem tem uma vida plena e cheia de frutos, mas que, ao mesmo tempo, não pode baixar a guarda. "Olho para tudo hoje em dia e tenho plena consciência daquilo que tenho e essa realidade mantém meus pés no chão. Responsabilidade é o que importa. Ela não me deixa parar." Voltando ao assunto principal da nossa conversa, ele diz: "dedico seis semanas por ano fazendo essa peregrinação. Desde a primeira vez que a fiz, percebi o quanto essa experiência me ajudou a ser quem sou, experienciando a humildade. Comecei a entender que não se precisa de muito para viver e como todos somos pequenos perante o Todo. Porém, também passei a ter uma profunda percepção do que é a Espanha: um belo país a ser descoberto de maneira nova, porque o vemos com novos olhos. Percorremos uma média de 27 quilômetros por dia, sendo 30 no máximo; isto quer dizer que se passa de seis a sete horas diárias caminhando. Durante o dia, comemos apenas bananas, mas à noite jantamos bem. Meu prato favorito, não só em dias especiais, é ovo frito, batata frita, chouriço e pimentões. Comprovei que esse é o prato favorito de muitas pessoas que vieram à minha casa".

Perguntei-lhe quais as outras coisas que ele gosta de fazer no dia a dia: "Gosto das coisas mais simples. Fico feliz com os mil e um incidentes que ocorrem diariamente. Vou à academia todas as manhãs, gosto de bater papo, escutar as pessoas, conhecer novas pessoas, dar uma caminhada e, é claro, trabalhar, que é o meu maior prazer. Tenho a sorte de ter uma personalidade que não se irrita com nada. Tudo tem seu momento e sua razão de ser".

"E quanto à sua rotina diária? Nessa cidadezinha, você acha que consegue levar uma vida normal, sem perturbações?". "Para falar a verdade, ninguém me conhece!" – ele insiste. "De vez em quando, nos fins de semana que estou de folga, você vai me encontrar caminhando com Flori pelo Paseo Marítimo. E quando o tempo está bom, vamos para Rías Bajas num barco que dei o nome de *Valoria*, em homenagem ao vilarejo em que minha mãe nasceu."

De repente, ele se projeta novamente ao passado, na época em que teve que enfrentar momentos difíceis. "Não dá para negar que sempre tive o que precisava. Acho que os bancos me compreenderam, porque eu sempre acreditei no que eu estava fazendo e eles não achavam que eu os estava trapaceando. E eles estavam certos. Foi com aquelas famosas 2.500 pesetas que conseguimos por em funcionamento oito empresas, além de uma nova, Uterqüe, que vai ser lançada agora. Mas o lado mais prazeroso disso tudo foi que por intermédio da Inditex conseguimos mudar um pouco o mundo. Fico encantado como hoje em dia o homem de negócios é visto de uma maneira diferente. Pelo menos, alguns de nós, não estamos nessa só pelo dinheiro. Temos de mudar esse mito. Para mim, como já disse antes, a grande responsabilidade é que muitas pessoas e suas famílias estão trabalhando conosco. Gosto que nossa empresa tenha uma alma. O verdadeiro sucesso dessa companhia, e nunca me canso de repetir, é por causa das pessoas. Não faço ideia de como tudo aconteceu, mas foi muito importante, quase um milagre, na verdade."

"Pablo Isla é um homem que não se importa em arregaçar as mangas"

Pouco tempo depois de ter começado a trabalhar na Inditex, Pablo Isla disse a Amancio: "Preciso ter mais contato com os armazéns". "Foi naquele instante que percebi", contou Amancio, "que ele pensava do mesmo jeito que a gente. Ele é um homem que gosta de arregaçar as mangas, pôr as mãos à obra e não está nem aí se precisar se sujar todo."

O GÊNIO DA ZARA

Aproveitei para perguntar o que fez com que ele pensasse em contratar esse homem que acabou se tornando uma peça-chave na empresa (de fato, ele é o presidente da Inditex desde julho de 2011): "Jantamos juntos, só nós dois, conversamos muito sobre todo esse processo, e ele simplesmente disse que admirava muito a empresa. Nunca me perguntou quanto iria ganhar, só o que precisava fazer. Aquilo me conquistou. Eu admiro pessoas como ele, pessoas que não veem dinheiro em primeiro lugar. Há uma porção de excelentes profissionais na faixa dos trinta aos quarenta anos. Antigamente, a gente tinha certeza que as pessoas de sessenta anos sabiam de tudo, mas não é o que ocorre hoje. Muitos já estão maduros na casa dos trinta, porque tiveram que lutar mais. Posso lhe assegurar: nossa empresa é uma joia rara!"

A maneira com que fala sobre o assunto é muito natural, com o orgulho e a preocupação de um verdadeiro patriarca. Mas não adota tal atitude para ficar se gabando de suas qualidades. Diz isso por ficar maravilhado com as habilidades do seu pessoal. "Como é possível alguém não ficar emocionado com os mil e um detalhes que presencio todos os dias ao meu redor? Por exemplo, descobri que Luis, o diretor do meu armazém, tinha tido um ataque cardíaco em pleno trabalho. Chamaram uma ambulância para levá-lo ao hospital e, antes de qualquer coisa, pediu um celular para avisar o segundo em comando para que assumisse seu posto imediatamente e fizesse seu trabalho. Assim é o meu pessoal."

"Você conhece mesmo todo mundo, Amancio?", perguntei-lhe. "Lembra que só na área de *design* são 600 pessoas?", um fato que menciona com orgulho e um quê de tristeza, porque, realmente, não tem como saber o nome de todos.

Mas Ortega não se acha o tipo de chefe intimidador. "De jeito nenhum. Teve uma época que eu dava minha opinião sobre tudo, mas isto não acontece mais. Quando delego alguma função, aceito plenamente as consequências. Achei muito difícil me desligar da parte comercial, mas foi necessário. É bom dar às pessoas independência e responsabilidade, mas também gosto que saibam que nunca estão sozinhas. Quero que sintam que sempre estarei ao lado delas para o que precisarem, tanto na vida profissional quanto na vida pessoal."

E para corroborar este comentário, menciona que precisava ficar atento sobre o que estava acontecendo na vida da jornalista responsável pela *IN*, a revista interna da Inditex. Na ocasião, ela estava precisando viajar muito a Barcelona, pois sua mãe estava doente. Ele a tranquilizava. Sabia que se tratava de uma mulher responsável, mas que sua prioridade era sua família.

Beatriz Padín: a nova direção da Zara Woman

Para entender melhor até que ponto as coisas que ouço de Ortega conferem com a realidade do que acontece dentro da empresa, marco um encontro com Bea Padín, uma mulher que foi delegada pelo próprio Amancio para assumir um dos pontos-chave: a Zara Woman.

O prédio central da Inditex, onde estão localizados os principais escritórios dessa empresa enorme, acolhe o que pode ser chamado de o "coração da empresa". Um salão imenso onde o pessoal do *design* e o do *marketing* trabalham quase que ombro a ombro. É um prédio feito de granito, vidro e alumínio, de proporções impressionantes, que capta e reflete a luz que nem sempre é tão clara nessa parte da Galícia. O fundador do império Inditex investiu aqui não apenas uma grande soma de euros, com uma considerável quantia de zeros após os dígitos, mas também uma incalculável quantidade de tempo, cuidado e atenção, sem falar na contratação de sábias mulheres que dedicam espírito inovador para assegurar que suas abordagens sejam uma mistura de estilos clássico e moderno.

É nesse ponto estratégico que se encontra o escritório, ou melhor, a mesa onde todos os dias, desde a inauguração do prédio, Amancio Ortega se senta para ficar de olho em tudo o que acontece. Uma de suas principais ideias, como explicou em junho de 2007 aos professores da escola de negócios com os quais se reuniu, era que "precisa-se potencializar a unidade onde se encontram o *design* e as áreas do *marketing*. O produto tem que estar bem". Ortega não hesitou em duplicar a área de zona de *design*, porque o equilíbrio entre a qualidade do produto e sua distribuição no menor tempo possível é a base para o inegável sucesso da empresa.

Em outro andar do mesmo prédio é onde se encontram as lojas piloto das várias marcas, e dentro da Zara está uma enorme seção chamada Woman. Em outras palavras, todas as peças de vestuário voltadas para as mulheres, desde a mais elitista Zara Woman, até a Basic ou Trafaluc, Circular, Punto e Acessórios.

Nesse dia em especial, eu estava voltando de Milão, onde tinha participado de um encontro organizado pela União Europeia sobre um tema atual e bem sugestivo: "Inovação e moda europeia lado a lado com os valores da União Europeia. Uma fórmula *win-win*, ou seja, em que todos ganham". Muitos palestrantes de vários países da União fizeram referência à Zara como uma expoente da integração vertical, ao falar sobre o panorama atual dessa indústria. Também viam aquele modelo de negócios como algo bastante futurista para o setor. Era fácil ver os comentários deles refletidos no que estava bem a minha frente: a loja piloto de roupas femininas em seu mais puro estilo minimalista; fundos escuros, com amplos espaços, bons materiais e uma perfeita distribuição dos produtos por cor, para facilitar a procura das clientes.

Fui recebida por Bea Padín, uma mulher na faixa dos quarenta, embora pareça mais jovem, perfeitamente integrada ao ambiente que cerca seu "domínio". Ortega delegou para ela a direção dessa seção da empresa, que compõe por volta de 60% de todo o efetivo da companhia. Ela está vestida com um *blazer* de corte impecável, camisa branca e tem um corte de cabelo que combina perfeitamente com sua personalidade.

O que mais espanta a respeito dessa grande executiva da linha Woman – setor favorito do "Sr. Ortega", como ela respeitosamente se refere a ele –, é a tremenda simplicidade com que fala e revela suas "tarefas profissionais" ou sua grande responsabilidade, com uma mistura de enorme entusiasmo, por amar o que faz, com insatisfação, "porque sempre podemos nos superar". Mais uma vez, sou testemunha da inconfundível marca da casa, o brilhante legado do homem que construiu todo esse império. Bea reitera que "essa tem sido uma lição contínua que tenho aprendido com Ortega desde que comecei a trabalhar para ele quando tinha dezessete anos". Graças a esse sistema de promoção interna contínua, Bea agora dirige um dos departamentos mais importantes da empresa.

Seus pais eram emigrantes galegos que viveram na Suíça e que, quando voltaram para a Galícia, abriram uma oficina que fazia vários serviços para a Zara. Tentando encontrar alguma confirmação sobre os rumores negativos que foram difundidos durante certo período da história desse império, comento com Beatriz sobre o que costumavam dizer sobre exploração nas oficinas nos primeiros anos. Gentilmente, mas de maneira incisiva, nega contundentemente, dizendo que seus pais tiveram a possibilidade de prover bons estudos aos filhos graças, exatamente, aos favoráveis rendimentos da oficina. "Com o que ganharam na oficina deu para alimentar a família toda, além de nos dar boa educação". E *essa* é a história que ouvirá ser repetida por diversos pequenos artesãos da Galícia. "Aqui todos amam o Sr. Ortega, porque vivemos e somos o que somos graças ao trabalho e à generosidade dele. Não tenho vergonha de contar para todo mundo que quiser ouvir que fui criada numa confecção artesanal, e que meus pais trabalharam para esse homem".

A direção da Zara Woman caiu sobre os ombros mais que capazes de Beatriz Padín, e tudo o que ela sente é gratidão por Amancio. "Sinto-me honrada e emocionada por pensar que ele confiou a mim 100% de toda a responsabilidade desta seção. Porém, devo acrescentar que me sinto melhor só por saber que ele está por perto. Com essa habilidade de saber tudo o que acontece ao seu redor, ele observa e faz comentários que sempre merecem ser ouvidos. Ortega possui uma qualidade que nunca encontrei em outra pessoa, que é poder intuir, a qualquer momento, aquilo que terá êxito. E mesmo depois de tantos anos, dia após dia, essa habilidade se mostra cada vez mais forte. Simplesmente, não dá para explicar."

Beatriz começou na empresa como passadeira, trabalhando das quatro da tarde às onze da noite. Um ano depois, passou a trabalhar com Ortega, que lhe pediu que se transferisse para o prédio de *design* e produção para que provasse os protótipos e opinasse sobre eles. Por gostar muito de moda e ser uma garota normal, que se vestia de forma bem simples, sem extravagância, como as milhares que se vestem com Zara ao redor do mundo, começou a trabalhar na equipe de *design*, experimentando novos modelos.

É curioso ouvi-la dizer que "o Sr. Ortega tem sido como um mestre e um pai para mim, e me fez chorar mais do que ninguém. Mesmo assim, nunca deixei de amá-lo. É uma pessoa bastante rigorosa e pouco convencional. Levou anos para que me dissesse que eu tinha feito um bom trabalho. Quando descobre que alguém da equipe pode dar muito de si, ele exige ao máximo dessa pessoa".

Paralelamente a esse jeito de ser, que às vezes o faz parecer impiedoso, não é difícil encontrar muita gente que o descreve como um "homem humilde". Fico impressionada em ver que a humildade, uma virtude tão rara nos dias de hoje, é a mais usada para descrever a personalidade de Amancio Ortega. Aqueles que o veem em suas rondas diárias contam que só existem dois minutos de glória nessa seção: quando a loja piloto – que é o modelo para o mundo todo – é montada e a primeira vez que Ortega a supervisiona. A partir daí, todos os esforços são concentrados em trabalhar para que cada aspecto seja melhorado, quais detalhes não saíram da maneira esperada e assim por diante. Esse é outro legado pelo qual todos são gratos ao presidente: o fato de que ninguém jamais pode dizer "fizemos tudo direitinho, então agora podemos ficar de braços cruzados".

Todos os departamentos que dependem da Zara Woman são coordenados dessa loja piloto. Dela surgem os primeiros rabiscos, uma amostra do que será enviado para a padronização e, depois, faz-se uma prova na fábrica. Uma vez que a equipe fica satisfeita, esse produto é posto à venda nas lojas.

Tudo dessa seção, ou melhor dizendo, quase tudo dessa empresa, está a serviço da loja. "O cliente é quem manda", diz Bea, usando praticamente as mesmas palavras de Ortega.

Os produtos novos são mantidos por um mês inteiro na loja piloto antes de serem enviados para as outras lojas. Cada mercadoria nova é fotografada para ser mandada para cada uma das lojas Zara ao redor do globo, com algumas diretrizes sobre como e onde dispô-la. As diretrizes mencionam a essência e a inspiração cromática; no entanto, é preciso levar em conta que uma loja no Canadá não será igual a uma no México. Mesmo seguindo um padrão que identifica as lojas, é importante que cada país respeite suas particularidades.

Sob as ordens de Beatriz Padín, encontram-se cento e setenta e cinco funcionários – são *designers* profissionais e seus ajudantes essenciais que lidam com a propaganda – que decidem sobre as cores e localização interna dentro das lojas. A vitrine, que é independente, é uma forma de arte por si mesma.

Quando pergunto a Beatriz de onde ela tira sua inspiração, ela me conta que faz uma pesquisa com vários chefes de departamento ao redor do mundo para se manter informada sobre o que está em voga. Todos contribuem com suas ideias sobre o que têm visto de novo, operando em equipe. Essa é uma regra infalível, mais uma dentre as marcas registradas da empresa de Ortega. "Quando era ele quem fazia as viagens, fazia questão de comunicar todas as imagens gravadas na retina, nenhuma informação era deixada de fora. E isso nunca parou de acontecer", afirma Bea. "Ortega acabou de voltar de Roma, para onde foi com sua mulher e alguns casais amigos, uma viagem que nada tinha a ver com negócios; porém, quando regressou, disse logo: 'Bea, quero que dê uma olhada no que vi – jaquetas de couro, suéteres cinza, calças e saias de flanela'. Ele é aficionado em observar como as mulheres se vestem, para depois transformar em algo que poderia ser moderno e bem-sucedido, só para nos manter atualizados. Ele nunca falha!"

A cliente Zara é uma mulher internacional bastante ativa, mas Amancio quer vender para todo mundo. "Muitas consumidoras andam pedindo tamanhos maiores e temos procurado atender tal demanda. Mas, frequentemente, esses itens não vendem tão bem, porque as pessoas, quando os veem pendurados nos cabides, acham que as proporções estão erradas e que aquilo não vai servir. É preciso estar atenta a cada detalhe, desde a matéria-prima até o produto final, para que a essência Zara não seja esquecida. Somos todos muito críticos com o que fazemos. Se trabalhamos com um tecido que não está bom ou não sabemos o que fazer com ele, não ficamos orgulhosos por vendê-lo".

Esse é outro legado transmitido por Ortega ao seu pessoal. "Em cada parede e em cada canto desta empresa você encontrará os conselhos que ele incute em nossas cabeças, o que costumo chamar de 'Os Dez Mandamentos'", diz Bea. Conta logo que não é a única a sentir esse respeito e lealdade pelo presidente e fundador da Zara. "Se acontece de ele chegar cinco minutos mais tarde do que o normal [onze horas da manhã], que é quando ele aparece nesta seção, imediatamente começamos a pensar o que terá acontecido. Sentimos a falta dele, ele emana um tipo especial de energia que é difícil de definir, apesar de, no minuto seguinte, ser impiedoso em suas exigências. Existem momentos em que o odiamos, mas mesmo assim o admiramos e o amamos. O resultado é que cada pessoa que trabalha aqui sente como se possuísse um pedaço da empresa. É a única maneira de resistir, quando há muitas dificuldades."

Bea está casada há 20 anos, tem um filho de 16 anos e uma filha de 10. Ela conta que não tem problemas em equilibrar a vida doméstica com a vida profissional, apesar de o trabalho ser intenso durante o dia, porque tem uma sogra maravilhosa que a ajuda. "Benditas sejam as avós", nós duas falamos quase em uníssono. Pergunto se Ortega sabe que está batalhando em duas frentes. "Ele sempre cuidou de mim, sempre me mimou. Nunca tive problemas desse tipo. Mas tenho que dizer que jamais tive que ficar conciliando meu tempo. Na verdade, quando estava recém-casada, ele sempre dizia: 'Tenha filhos, é uma experiência maravilhosa. Seja feliz e aproveite-os bastante.'"

Atualmente, Ortega delegou boa parte da empresa, mas, como diz Bea, com um tom carinhoso na voz: "Ele fez isso da maneira mais egoísta possível. Primeiro, transferiu o que gostava menos, então, deixou esta área para o final, pois aqui foi onde passou a maior parte da sua vida". Fica claro que ele delegou uma série de funções importantes, mas ainda se mantém ativo na retaguarda para quando são necessárias as decisões mais relevantes.

Caminhamos pela fábrica, onde se encontram as lojas piloto e as vitrines – lá ficam à mostra o que estará nas ruas dentro de poucos meses. De repente,

O GÊNIO DA ZARA

Bea para ver a jaqueta que estou usando, feita com um tecido branco desbotado e com uma bainha que dá um toque todo original. O principal é que é confortável; o tipo de jaqueta que posso usar a qualquer hora do dia e não vai amassar. Ela sabe que, depois dessa entrevista, encontrarei com Amancio, então, rindo, ela diz: "Tenho certeza que amanhã ele vai me perguntar se notei sua jaqueta, porque ele fez isso da outra vez". Quando, mais tarde, Amancio comentou sobre isso, repeti o que Bea me disse. Bea foi bastante firme quanto ao fato de que a Zara não copia, como alguns já chegaram a insinuar. Apenas se inspiram naquilo que veem. Se "o *design* mundial volta os olhos para a Europa, é por essa razão que quase todos os nossos estilistas são europeus".

Um dos aspectos que Beatriz Padín enfatiza em nossa conversa é que na Inditex "não existem estrelas. As equipes são compostas de maneira que não importa se alguém sai; a equipe continua trabalhando, porque temos excelentes diretores e gerentes em cada departamento, ótimos profissionais em cada seção, e cada um deles consegue manter o trabalho fluindo como se cada um fosse essencial ao funcionamento geral". Mais uma vez, ela reitera a questão da capacidade de reação ou resposta imediata da empresa quando, a qualquer instante, alguém sente que algo está errado. "Um item pode ser revisado ou um produto transportado de uma loja para outra, porque a informação de que não está vendendo não pode simplesmente ser ignorada. É preciso dar certo desde o primeiro dia que chega à loja ou o produto não se encaixa. Não pode ficar ocupando sequer um centímetro da área de venda da loja. Por isso as coleções são tão dinâmicas. E agora, com essas mudanças climáticas, tendemos a não ter estações bem definidas. As compras são feitas quase que trimestralmente, o que significa que os gerentes de seção não podem parar de comprar matéria-prima. As de primeira linha vêm da Itália e boa parte do restante provém da Ásia. Em Arteixo são tomadas as decisões sobre o que é necessário para cada momento e os compradores de tecidos são aqueles cuja função é a de escolhê-los – seja em Xangai, Hong Kong ou Índia."

À medida que ela me explica o processo, fico fascinada pela origem dos modelos que começam na Espanha e acabam em todos os cantos do mundo, lugares que dão origem para tanta inspiração. Bea me diz que quando eles visitam vários países, muito do que veem nas ruas é o que lhes dá orientação com relação a cores e tendências, mas o que realmente acham inspirador são as visitas às lojas de Paris e Nova York (quando querem encontrar um suéter básico com o comprimento correto, os detalhes perfeitos), ou às lojas de Londres, quando estão procurando algo para um público mais jovem. É um fato que quando escolhem seus produtos, nunca dá para se ter certeza se uma determinada coleção será igualmente bem recebida pelas clientes de diferentes cidades.

Quando Bea faz uma pausa, pergunto de onde ela acha que Ortega arranja tamanho senso estético. Responde que "como Ortega é um homem muito prático, ele aplica a lógica, não um sentimento especial. Se ele percebe que uma mulher fica confortável com um paletó e um suéter preto; se, de repente, ela quer uma saia de flanela cinza com pregas grandes e ele acha que isso vai vender, ele vai lá e faz. O segredo dele, como ele mesmo diz, é 'usar a lógica para decidir e gerenciar. Não tem motivo para ficar complicando as coisas.'"

Bea lembra que quando Ortega convidou-a para ocupar o cargo, teve muito medo; ela achou que nunca conseguiria acompanhá-lo. Porém, ele a encorajou muito, e uma das primeiras ideias que utilizou para orientá-la foi que nunca deveria dizer "não gosto dessa coleção", porque todos compõem os projetos da empresa. "Sempre precisa falar no plural, como em 'nós cometemos um erro'", foi o que Ortega disse a ela. "Ele é o primeiro a dizer que estamos falando de *nossa* coleção e *nossa* empresa. 'Portanto, nunca fale sobre o que *você* fez, Bea. Diga que sua equipe fez.'"

Com um entusiasmo súbito, a diretora da Zara Woman me confessa: "O Sr. Ortega é uma pessoa muito especial. Gostaria que ele vivesse mais um século. Ele criou um senso de competitividade entre as marcas bastante saudável. A Uterqüe, a última a chegar, será mais uma a se juntar. Todas as manhãs, verifico as vendas de todas as empresas, depois vejo as vendas da Zara. É claro que quero ver todas elas vendendo, mas se pudermos vender um pouquinho mais, melhor ainda. A Zara é, atualmente, responsável por 65% do faturamento."

Como uma verdadeira galega, não se manifesta quando lhe pergunto se ela aprecia a moda atual. Só diz que observa todas as passarelas pela internet e acha que a rotina deveria ser quebrada. "As mulheres mudaram. A última moda é cada vez menos importante e o que as mulheres procuram hoje em dia, acima de tudo, é estarem bem vestidas. Elas querem um básico de boa qualidade. A moda, atualmente, não tem escolha senão ser prática, se quiser atingir todos os públicos."

Antes de concluirmos a entrevista e deixarmos o edifício onde Bea Padín me mostrou os novos modelos, pergunto se ela poderia resumir a fórmula para uma boa gerência (fato que aprendeu com seu chefe nos últimos vinte anos). Muitos dos tópicos são simplesmente brilhantes por seu objetivo senso comum:

- Decisões devem ser tomadas com base na lógica.
- Seja objetivo com as pessoas e sempre procure se colocar no lugar delas.
- Gerenciar não é um título. Significa ensinar, mas pelo exemplo e pelo auxílio.
- Se quiser julgar algo de forma negativa, então deve oferecer uma alternativa plausível.
- Sempre use plural quando estiver falando de trabalho. Nunca diga: "eu fiz isso".
- Concentre-se nos detalhes. Fique de olhos e ouvidos ligados.
- Trate os fornecedores com muito respeito.
- Somos cercados por competitividade. Nunca subestime ninguém, porque muitas grandes empresas entraram em colapso.
- As decisões devem ser ágeis, para que o cerne do negócio não sofra. Não se pode falhar.

E de todos os conselhos que Bea recebeu diretamente da fonte, um deles supera todos os outros: ninguém é maior do que a própria empresa.

10. TODOS TEMOS UM LADO BOM E UM LADO RUIM

Segunda-feira, 23 de junho de 2008. A manhã, com algumas nuvens cobrindo o céu de La Coruña e a temperatura perfeita, anuncia uma típica tarde ensolarada da costa galega. Na véspera, havia ocorrido um jogo da Liga Europeia de Futebol entre Espanha e Itália, e a Espanha venceu numa disputa de pênaltis. Todos nós estávamos sonolentos, pois fomos nos deitar mais tarde por conta da partida. Amancio disse a mim e a Pablo Isla na mesa do café da manhã, "não tinha como não falar e não se gabar daquele triunfo. Foi muito encantador ver toda aquela multidão nas ruas, empolgadíssimos, orgulhosos do seu time, orgulhosos por serem espanhóis! No fim das contas, as coisas são mais simples do que parecem, e não como as vemos pela ótica da política. Não consegui dormir antes das duas da manhã. Quando tocou o despertador, não consegui levantar de jeito nenhum, então, nem fui à academia".

Aproveitando sua deixa, perguntei a Amancio como era sua rotina de sono, imaginando se ele era uma daquelas criaturas sortudas que raramente tem a necessidade de dormir para conseguir trabalhar, mas ele responde: "O fato é que durmo muito bem. Para funcionar direito, preciso de, pelo menos, oito horas de sono".

Na mesma sala de jantar em Arteixo, onde conversamos em outras ocasiões, e que foi testemunha de nossas conversas, começamos a refeição com vieiras fantásticas. Meu anfitrião ficou só no primeiro prato, porque, embora não estivesse de dieta, gosta de se cuidar sempre. O clima está tranquilo, sem preocupações, e Amancio me conta que no dia anterior saiu com sua mulher e uns amigos para dar um passeio pelo mar no *Valoria*, curtindo as Rías Bajas, onde passa boa parte do verão. "Nasci no centro da Espanha, mas moro há tanto tempo aqui que não conseguiria mais viver longe do mar", ele confessa. "Ainda acabo passando a maioria dos feriados em La Coruña, embora todos os anos damos uma escapada para ver um pouco do mundo com os amigos. Este ano, vamos alugar um barco para irmos à Grécia, que é um pedaço do Mediterrâneo que adoro. Sempre me faz pensar sobre as raízes da nossa civilização. A parte antiga de Atenas conserva uma beleza extraordinária. Uma das vezes em que estive lá – ocasião que estávamos abrindo uma loja – levaram-me a um ponto da cidade de onde se via perfeitamente a Acrópole. Disseram-me que Onassis gostava de tomar o café da manhã naquele restaurante em especial, assim ele podia beber e apreciar a vista do Partenon. Não me canso de ir lá!"

Mais uma vez, tento tornar a conversa mais pessoal, mas ele foge do assunto como o diabo foge da cruz, e volta à sua resposta de costume: "Já disse a você que não tenho uma história. É difícil falar de si mesmo. Todos temos um lado bom e um lado ruim, mas o que importa é quem somos aqui dentro, não o que os outros dizem ou pensam sobre você. Deve entender que se acho difícil falar sobre mim é porque existiram muitos outros que se esforçaram tanto quanto eu para erguer esta empresa, com muitas horas de trabalho incansável. Francamente, eles dedicaram suas vidas por ela. É como eu já disse. Sabemos para onde vamos e não vamos parar até atingirmos nossa meta."

Porém, insisto em tentar fazê-lo falar e, mesmo não sendo fácil, consigo algumas pinceladas de sua trajetória, a carreira que começou naquele famoso dia em que, com apenas treze anos, ouviu que sua mãe não tinha direito a mais nenhum crédito na mercearia.

É evidente que aquele evento foi um divisor de águas na vida dele. "Aquela história me marcou para sempre. O dono da mercearia jamais soube que ele foi o responsável por tudo que aconteceu depois. Era uma briga naqueles primeiros anos! Na hora de trabalhar, eu era um carrasco – trabalhava como um escravo e fazia todos trabalharem como escravos também; não era nada divertido. Tenho que admitir isso. Foram tempos difíceis, mas, no frigir dos ovos, foi graças a isso que temos esta empresa fenomenal."

Um novo tipo de empresa para um novo tipo de mulher

As recordações daqueles primórdios o fazem refletir: "A sociedade, antes ou hoje em dia, põe tudo em perspectiva. Na Espanha, vivenciamos grandes mudanças, e passamos de um mercado com quatro marcas de moda para ter uma empresa como a Zara, que permitiu que as pessoas se vestissem bem, e não só aqui, mas em setenta países. Nossa seção de *design* parece a ONU, com três mil e quinhentas pessoas de todos os cantos do globo, trabalhando em Arteixo e morando em La Coruña! Esse é um fato de extrema importância, porque transmite cultura e riqueza.

"Tive a tremenda sorte de encontrar o que buscava para a empresa que tinha em mente. Acho que sou uma pessoa bastante criativa, e vi que precisava criar outro modelo de negócios, diferente do que estava à minha volta. Portanto, dedicamos uma tremenda energia a essa empreitada, passo a passo, é claro, mas sempre com pressa, sempre mantendo a constância. O modelo de integração vertical, do qual já falamos, estava se tornando mais comum. Foi nessa época que fui contatado por diversas grifes da alta-costura. O Armani foi um dos que me ligou; ele realmente era um grande estilista e grande empresário. Nós visitávamos alguns e outros vinham conhecer nossas instalações."

A conversa deu voltas até chegar nos nomes de cada uma das marcas envolvidas, e vi, mais uma vez, o interesse do presidente da Inditex em cada detalhe da empresa. Nada passa despercebido, e dá para ver sua marca impregnada em todos os lugares. É verdade quando as pessoas que o conhecem dizem: não se pode compreender a Zara sem entender seu fundador. Atrevo-me a dizer que não apenas a Zara, mas toda a Inditex é a soma da intuição, visão de negócio e total dedicação deste homem para tornar esse sonho uma realidade.

Aproveito para fazer várias perguntas relacionadas a moda. "Até que ponto você conhece e tem familiaridade com as tendências mais tradicionais? Digo, você fica de olho na *haute couture*? Você verificou pessoalmente alguma coleção?" Ele responde que nunca quis se envolver no mundo da alta-costura, embora reitere que as mais importantes empresas, ou seja, os maiores nomes do luxo, procuraram-no de fato. "Mas percebi há muitos anos que o consumidor moderno ao redor do mundo estava, na verdade, buscando outro tipo de moda. Por exemplo, acabamos de abrir uma loja na Croácia que está indo de vento em popa. As mulheres ficam loucas com as nossas roupas pelo simples fato de que podem pagá-las. Alguns meses antes, abrimos uma na Colômbia e foi um verdadeiro sucesso. Até assisti a inauguração por vídeo. As pessoas entravam na loja aplaudindo, parabenizando e agradecendo. Nossas vestimentas nunca são extremas – os extremos não vendem. E o que as mulheres encontram lá é, exatamente, um tipo mais equilibrado de roupa. A grande maioria não está em condições de pagar os olhos da cara só para se vestirem. Conheço muita gente com bastante dinheiro que gasta muito pouco com trajes de grife. Quando as clientes se acostumam a uma boa relação custo-benefício, não só em nossas lojas, mas em outras do mesmo nível, sentem prazer de estar ali. São pessoas que sabem o valor do dinheiro e preferem gastá-lo em outras coisas.

"Nesse aspecto, as mulheres se tornaram mais pragmáticas. Todos nós desejamos uma bela casa; todos queremos viajar, educar bem nossos filhos etc. O importante é não desperdiçar dinheiro para que o orçamento fique equilibrado. Muitas vezes, preferimos pensar que o público em geral é ignorante e complicamos as coisas, quando o que temos que fazer é ensinar valores aos mais jovens, para que assim eles possam distinguir o que é importante e o que não é."

De repente, viaja ao passado novamente, recordando os primeiros anos de sua vida, comparando-os com o mundo atual. Tal contraste o impele a dizer: "É verdade que, naquela época, as crianças eram crianças, não pequenos adultos, e morávamos num vilarejo. Nossa diversão era fazer nossos próprios arcos com guarda-chuvas para jogar pedras uns nos outros, para brincar de índios. As pessoas que viviam na cidade sabiam tudo sobre brigas de gangue, mas nós só jogávamos futebol e roubávamos peras das plantações. Os jovens de hoje em dia são bem diferentes: têm conhecimento, princípios, respeito... Eles vivem no mundo real. Têm a possibilidade de serem muito mais qualificados, e muitos já o são. Em geral, dá gosto de ouvi-los, tirando aqueles que só gostam de chatear os outros falando de festas e bebidas. As crianças precisam aprender o que significa ter uma vida saudável."

E nasce a Uterqüe

Uterqüe, a nova rede da Inditex, tornou-se o foco de interesse das mulheres. Desta vez, por causa dos acessórios. Simplesmente, preste atenção nas ruas e folheie algumas revistas para ver que o que importa hoje são os acessórios.

Pergunto-lhe qual é o motivo por trás do nome, uma palavra em latim. "Os nomes das cadeias precisam ter, sempre que possível, apenas uma palavra, porque fica mais fácil de lembrar. E preferimos que sejam curtos e soem bem em outras línguas. O problema é que, assim que se escolhe a palavra ideal, é preciso conferir se ela já não está registrada em algum lugar. Essa é, infelizmente, umas das partes complicadas.

"Com relação à marca, uma vez eu estava velejando e vi um barco com um nome que tinha só três letras. Achei perfeito e, na mesma hora, peguei o telefone para ligar para o Antonio Abril, que resolve esses assuntos, para que fosse registrá-lo imediatamente. Apesar da nossa pressa, nada pôde ser feito, porque o nome já estava registrado. Mas ele mesmo me propôs rapidamente Uterqüe, que significa 'ambos, os dois lados, um e outro', e gostamos. Agora vamos ver se funciona!"

Fico fascinada como ele se envolve tão profundamente com essa empresa, chegando a pensar em nomes para ela. Então, lembrei de uma conversa recente que tive com um amigo meu, um financista, que contou a impressão que teve após uma reunião em Arteixo com dois dos maiores responsáveis pela empresa, alguns meses antes. Disse que, quando Amancio entrou na sala de reuniões, foi ele quem conduziu o resto da conversa, resolveu todos os assuntos pendentes e, sem ter a real intenção, demonstrou que conhece a empresa de dentro para fora e que ainda a controla, embora, em teoria, apenas atue nos bastidores e esteja cercado por uma equipe gerencial formidável. As percepções desse meu amigo são sempre certeiras. Por exemplo, falando com Ortega sobre o sucesso da abertura recente da Zara em Seul e a perspectiva de expansão naquele continente imenso, ele comentou: "Os chineses são todos negociantes. De fato, são eles que estão impulsionando a economia no Camboja e em Bangladesh, onde estão construindo oficinas e fábricas. O futuro que estamos vivendo reside na Ásia".

Um homem de mente aberta

Amancio continua sendo um homem de mente aberta, um liberal, ainda que com certa tendência esquerdista, como ele mesmo diz: "Hoje em dia, quando olho à minha volta e avisto o que vejo, não gosto muito de colocar qualquer rótulo em mim mesmo". Ele se preocupa com o que vem ocorrendo no mundo ocidental e se pergunta como será o futuro político e social. Ortega, o multimilionário que criou um império colossal de cifras incomparáveis, conta-me que tem dores de cabeça quando pensa na desigualdade existente entre os seres humanos.

"Cada um de nós tem um papel distinto na vida. Por que o meu é tão diferente de alguém que varre as ruas ou que vive em alguma favela miserável? O que posso pedir além do que já tenho? Talvez ter feito uma faculdade, mas não consegui porque estava ocupado com outros assuntos. O grande direito que temos é a educação, porque é ela que permite desenvolver nossas capacidades, nossos dons. Ainda acho que não é justo viver num mundo em que tanta gente não possui sequer a chance de ter a esperança de um futuro melhor."

Para esclarecer as coisas e não cair em teorias marxistas que tanto desviaram a humanidade, passamos ao grande tema da liberdade. "Como vê a liberdade, Amancio?", pergunto, e logo emendo: "No meu caso, o melhor exemplo é a família, onde todos temos as mesmas possibilidades, recebemos a mesma educação, vivemos no mesmo ambiente com as mesmas opções de vida e cada indivíduo toma suas próprias decisões – que raramente são iguais aos dos irmãos e irmãs. A justiça que você procura é a bíblica, que é revolucionária no sentido de justiça social. Mas qual é a fórmula para transformar em realidade o dom que você tanto fala?"

Pablo Isla ouve nossa conversa e intervém com uma explicação sobre o que significa democracia em níveis globais. "Apesar de suas falhas evidentes, é a melhor solução para a maioria dos problemas complexos que nos rodeiam". Ortega gostou do comentário de Pablo de que é preciso atingir as metas mais prementes: educação e saúde públicas para todos. Acrescenta que "na vida, o importante é lutar para fazer o que acredita ser o certo, estar onde acredita que deveria estar. No meu ponto de vista, a Inditex é um conceito, não uma estrutura, pois a moda emerge do saber quem é seu cliente, para depois atendê-lo. Por exemplo, temos ofertas para fazer de tudo, inclusive cadeias de hotéis Zara, mas recusamos todas. Sei que não é o que somos".

"Ideias podem surgir em qualquer lugar"

Uma pergunta que sempre me vem à cabeça é sobre as supostas cópias no mundo da moda. Comento com Amancio que, há não muito tempo, alguém que trabalha para um grupo italiano de luxo assegurou-me que a Zara enfrenta um processo judicial por reproduzir alguns de seus modelos. "Contestei-a, como já o fiz em diversas ocasiões em prol da empresa, dizendo que o que a Zara faz – e que nenhuma outra empresa foi capaz até hoje – é canalizar as tendências do mercado. Em suas lojas vemos roupas com o estilo da Prada, Chanel ou Armani, mas gostaria de ouvir sua opinião." Sua resposta é bem-humorada e realista, mesmo sendo esse um tópico delicado. "Ideias podem surgir em qualquer lugar. Posso dizer uma coisa: procuro ver as coleções dos demais o mínimo possível, mas as acabo vendo por outros meios. Podem nos acusar de plágio se quiserem, mas a verdade é que entre todas as grandes marcas – e entre as não tão grandes também – sempre existem coincidências. Há quem prefira chamar esse processo de influência mútua de 'inspiração'.

"O que se transmite de maneira difícil de explicar é o conceito do que se quer fazer, o que no meu caso sempre surge do que acredito ser aquilo que os clientes procuram. Se vejo algo que imagino que vai agradar as pessoas que compram nas minhas lojas pelo mundo afora, eu adapto. Não preciso acompanhar as passarelas: observo as ruas, uma revista, algo num filme etc., e é isso que fica em minha mente. Um dia, por exemplo, eu estava no carro parado num semáforo e uma moto parou ao meu lado; nela havia um rapaz que vestia uma jaqueta *jeans* coberta por broches. Eu gostei; pude ver que aquilo era novo, genuíno, 'estiloso'. Liguei do carro para o meu chefe de *design* e contei a ele o que estava olhando. Em duas semanas, as jaquetas estavam nas lojas e vendiam como água no deserto. Este tipo de coisa acontece muito comigo.

"Outra fonte de inspiração para mim sempre foram as grandes feiras de Paris, como a Première Vision, ou a Feira de Milão, embora eu nunca entre nos estandes. O que mais gosto nesses encontros é ver as pessoas, porque quem trabalha no mundo da moda, geralmente, está vestido de forma divertida, original. Fico com a cabeça fervendo com ideias, cores, formas – coisas que são diferentes por causa da influência desses formadores de opinião que sempre estão na vanguarda. Vejo que posso me inspirar pelos modelos mais contemporâneos. Por outro lado, a moda é cíclica, assim como as cores, que vem e vão, uma vez após a outra, para a estação seguinte, e assim por diante.

"O melhor conselho que posso dar a qualquer um que gostaria de inovar nessa área é observar as ruas. Essa é a maior passarela. Não me interesso tanto pelas outras grifes. Se prendessem meu amigo Armani ou qualquer um desses gênios numa sala onde não pudessem ver o mundo exterior, em dois dias eles deixariam de ser criativos."

Fico encantada ao vê-lo expressar as mesmas ideias que ouvi tantas vezes de outros grandes estilistas, como John Galliano, que me contou em determinada entrevista que quando está buscando inspiração sai para passear pelas ruas de Londres, ou observa um museu ou faz uma viagem ao Egito para se imergir nos tesouros daquela cultura, antes de pensar em começar alguma coleção de alta-costura. Marc Jacobs certa vez me contou que seus desenhos eram cheios de memórias do cenário musical *grunge* de Seattle. O gênio atemporal, Yves Saint-Laurent, numa conversa que tivemos há muitos anos, confessou a mim que se arrependia de não ter dado a devida importância ao *jeans*, porque era o símbolo de identidade do século XX. Pouco depois, eles apareceram em suas coleções com um toque genial.

Tenho a sensação de que naquele fim de tarde em especial o presidente da Inditex está num ambiente confiável, então, tento penetrar um pouco em seu mundo privado, o qual preserva com unhas e dentes. Minha pergunta foi: "Qual é a melhor coisa que vê em si mesmo quando se analisa, Amancio? Qual é a sua parte boa?" Para meu espanto – nunca vou deixar de aprender com esse homem – ele responde sem hesitar: "A melhor coisa que tenho em mim é minha bondade. Sinto que posso dizer isso, porque é a bondade que minha mãe e meu avô Antonio tinham. Minha mãe era excepcional. Todos a amavam muito! E pelo fato de eu ser o caçula da família, óbvio que ela me amava, mas ela achava que eu era algo especial. Lembro, uma vez, antes de uma eleição, que ela disse: 'Em quem o Choliño – seu nome carinhoso para mim – gostaria que eu votasse?' Quando comecei a sair com Flori, minha mãe perguntou a ela: 'Você é feliz com o Choliño?' Isso é o que importava para ela: que todos fôssemos felizes."

Interrompo para perguntar de onde veio aquele nome carinhoso que sua mãe o chamava. "Veio da época em que vocês moraram no País Basco, onde eles costumam chamar as pessoas de *'pocholo'* [doce], e imagino que de *'pocholo'* tornou-se *'pocholiño'* [docinho]?" "Sim, foi exatamente isso" – respondeu Ortega. "E até hoje, como disse a você, meus sobrinhos me chamam de Tio Cholo. Mas, falando de mãe, como lembro dela! Graças a ela, não tenho nenhuma lembrança ruim da minha infância. Ela me fazia feliz. A mãe é o alicerce de uma família. Quando elas não estão mais lá, não importa a idade que se tenha, alguma coisa se quebra. A minha morreu há seis anos, e toda vez que vou à casa da minha irmã, lembro dela como se precisasse vê-la novamente.

"Nesses momentos de tamanho êxito profissional, é dela que sinto falta, porque uma mãe é a pessoa que acrescenta um valor maior e mais verdadeiro àquilo que fazemos. As mães nunca deveriam morrer!"

As palavras desse conquistador, envoltas na memória de uma mulher pura e simples, que deixou um legado tão maravilhoso de bondade, soam como uma suave e antiga canção. Fala lentamente e se emociona sem nenhum pudor quando lembra de Josefa. Não quero quebrar a mágica daquele momento, mas preciso que me diga qual é o pior aspecto da sua vida. Novamente, não há hesitação em sua fala: "O pior que posso dizer sobre minha vida é que não dediquei tempo suficiente à minha família e a meus filhos Sandra, Marcos e Marta. Para me convencer, toda vez que penso que não estou fazendo a coisa certa, digo a mim mesmo 'você não poderia ter feito tudo'. Mas não consigo esquecer as palavras da minha mãe quando fui à casa dela: 'Choliño, por que não aparece mais vezes?'"

Logo em seguida, pergunto se ele se importa com a opinião alheia. "Não me parece importante saber como os outros me veem. Na verdade, nunca importou. Além do mais, há milhares de empresários que fizeram a mesma coisa que eu. Se sou diferente deles, pois não passo minha vida festejando ou recebendo prêmios, é porque minha vida toda sempre tentei fazer aquilo que mais me agradava. Poderia, de certa forma, dizer que fui egoísta nesse sentido, porque não fiz só o que *tinha* de fazer, senão também o que *queria* fazer."

Antes de encerrarmos, digo que ficaria imensamente grata se ele pudesse dar alguma sugestão de como encorajar os jovens da minha escola de negócios que, como tantos outros, estão se preparando com muito entusiasmo para uma vida profissional no mundo da moda. Sei bem que não existem fórmulas secretas, mas certas prioridades que Amancio me explica da seguinte maneira: "A primeira coisa é que precisa gostar daquilo que faz, que se apaixone por seu trabalho. Insisto nisso porque é muito importante. Precisa ser algo que venha de dentro, que quase pagaria para trabalhar. Minha paixão foi criar moda, criar um negócio, criar uma cadeia. A sua agora é sua escola. Você sabe o que estou dizendo. Além da constância, tem que haver determinação para alcançar metas específicas. Não se trata só de dinheiro. É assim que eu penso. É assim que eu sou".

Depois de uma despedida carinhosa, ele me agradece pelo tempo que passamos juntos e ri quando eu digo que o prazer, é claro, foi todo meu. Disse que havia um motorista esperando por mim para me levar ao aeroporto. De fato, lá estava ele, um rapaz na faixa dos trinta anos, que estava há pouco tempo na empresa. Conforme nos dirigíamos ao aeroporto, pergunto-lhe se ele conhece o Sr. Ortega e ele responde com um pouco de orgulho, mas com certa timidez, que já o viu algumas vezes, porém não podia afirmar que o conhecia. "E o que achou quando o encontrou? O que pode me dizer sobre ele?" "Acho que é um homem humilde. Toda vez que encontra alguém, ele cumprimenta essa pessoa e troca algumas palavras amigáveis. Mesmo com o poder que tem e sendo quem é, tem consideração por todo mundo. Ele parece lembrar de suas raízes. O dinheiro não lhe subiu à cabeça."

Não foi a única pessoa que me descreveu Amancio Ortega desta maneira. Qualquer um fala sobre seu respeito e consideração por todos com quem tem contato.

11. INDITEX – O PRESENTE E O FUTURO

EM MINHAS CONVERSAS COM AMANCIO ORTEGA, em especial as mais recentes, temos outro convidado habitual: Pablo Isla. Embora tenha sido para mim de imensa ajuda para organizar tanto os almoços com o fundador e presidente da Inditex quanto as entrevistas com os outros membros da empresa, ele tem um valor ainda maior para Amancio devido à sua habilidade de resolver, praticamente, qualquer problema que surgir como se fosse a coisa mais natural do mundo.

Pablo Isla juntou-se ao grupo em 2005, graças à empresa de headhunting Korn/Ferry International, por instruções diretas de Carlos Espinosa de los Monteros e ordens indiretas de Amancio Ortega. Primeiramente, ele veio trabalhar com José María Castellano, que até aquela época era o CEO e vice-presidente da empresa. Mais tarde, subiu mais alguns degraus na companhia que já era grande. Porém, a saída de Castellano da empresa antes do esperado fez com que, em menos de cinco meses, Pablo estivesse pronto para assumir a gestão do grupo como vice-presidente do Conselho Administrativo e CEO.

Formado em Direito pela Universidade Complutense de Madri e Procurador do Estado, era um homem bastante jovem na época. Tomou a importante decisão de partir de Madri para a Galícia, e o mais importante: saiu da Altadis – onde era o presidente do Conselho Administrativo e copresidente desde julho de 2000 – para a Inditex, a gigante têxtil espanhola. Seu excelente trabalho com a empresa de tabaco, somado à experiência internacional, conhecimento de mercado de ações e disponibilidade para se mudar com sua família para La Coruña foram razões mais do que suficientes para ser incorporado por esse grupo de tanto destaque mundial.

O GÊNIO DA ZARA

A carreira de Pablo Isla foi brilhante. Entre 1992 e 1996 foi diretor de assuntos jurídicos do Banco Popular e, ao mesmo tempo, foi indicado como diretor geral do Patrimônio Estadual no Ministério da Fazenda. Em 1998, juntou-se ao Banco Popular como secretário-geral até sua nomeação no grupo Altadis. Qual é a conexão existente entre os mundos da moda e do tabaco? Como Ortega o convenceu a fazer uma mudança tão drástica em sua carreira e se mudar para a Galícia com sua mulher e filhos?

Para escrever este livro, fiz uso de todas as "linhas de investigação" que me sugeriram. Os motoristas da Inditex, que me pegavam no aeroporto sempre que eu fazia uma visita, eram ótimas fontes de informação. O trajeto de dez quilômetros até a sede central em Arteixo permitiu que eu captasse nuances de interesse humano, um aspecto fundamental – como insistiam nossos professores de jornalismo, quando estávamos na faculdade – para conhecer a fundo uma pessoa e engajar o interesse do leitor.

Perguntei a um dos motoristas, um homem bem discreto, como todos os que conheci, se ele conhecia Pablo Isla. Sua resposta foi peculiar. Para demonstrar o quanto ele achava brilhante o recrutamento desse gênio em especial, disse: "Veja só que homem extraordinário o Sr. Ortega tem sido desde que encontrou esse vice-presidente que conquistou todos no minuto em que pôs os pés aqui! Ele é simples, tem sempre uma palavra carinhosa e constantemente pergunta sobre sua família ou seus problemas. Vejo o Sr. Ortega como um ímã de grande potência e grande sensibilidade que só atrai os melhores; e eles se apegam a ele".

Com essa imagem de um ímã na cabeça, sentei para bater um papo com o vice-presidente e CEO da Inditex. Foi ele quem me contou que seu antecessor, José María Castellano, foi muito solícito desde o primeiro momento para "transmitir o cetro" de maneira eficiente e tornar tal transição o mais tranquila possível. Fico curiosa em saber o que o fez aceitar um desafio tão arriscado tanto do ponto de vista profissional quanto pessoal. Imagino que a oferta tenha sido excelente para atrair um profissional com tantas portas abertas. Sem rodeios, Isla me explicou que, como a maioria dos espanhóis, era um grande admirador da Inditex como cliente e como analista empresarial. Quando comentaram pela primeira vez sobre a possibilidade de ele assumir como CEO, pareceu-lhe um desafio muito fascinante; imediatamente, reconheceu que essa era uma oportunidade magnífica. A combinação de um modelo de negócios

158

completamente inovador com uma presença internacional imensa e um enorme potencial de crescimento dentro de uma indústria tão enérgica quanto a da moda teve papel fundamental. Não conhecia pessoalmente Amancio Ortega; na verdade, só sabia um pouco mais do que o perfil oficial.

Quando pergunto o que ele achou depois de seu primeiro encontro com Ortega, e com qual impressão ele saiu daquela sala, respondeu-me: "A primeira impressão que tive de Amancio Ortega foi a de estar frente a frente com um empresário 'completo'. Ali estava um homem que sabia o que queria, que tinha certeza do que estava fazendo e o que significava sua empresa, e, sem sombra de dúvida, era capaz de motivar qualquer um que se envolvesse no projeto. Pessoalmente, fui conquistado de imediato. Disse que a decisão sobre quem seria o CEO era uma das mais importantes de sua vida e, provavelmente, a mais difícil".

Naturalmente, não presenciei essa conversa – a portas fechadas – de tamanha importância para a Inditex e para ambas as partes. Mas, casualmente, pouco tempo depois, o próprio Amancio me contou o que seu vice-presidente, naquele instante, estava relatando para mim: "Amancio não me pediu nada. Mas disse uma coisa que repete até os dias de hoje: 'Pablo, esta empresa é preciosa. E temos todas as ferramentas que precisamos para garantir que ela continue a ser competitiva no futuro. Tudo está em seu devido lugar. Só o que temos a fazer é não estragar tudo."

Desde as primeiras entrevistas, transmitiu a ideia de que toda sua vida, como vimos com o passar dos capítulos deste livro, repetiu-se várias vezes: "O mais importante é ver o valor das pessoas que integram esse projeto. É preciso amá-las".

O que mais impressionou Pablo Isla foi algo que parecia estar marcado a fogo na alma de Amancio: sua paixão inesgotável pela empresa. Essa paixão segue viva, com a mesma atitude de entusiasmo e desejo de sempre se superar. "Tenho que confessar" – disse Pablo – "que nesses quatro anos que trabalho ao lado de Amancio Ortega é quase impossível amar esta empresa e as pessoas que a integram mais do que o presidente. Além do sentimento genuíno que possui, ele consegue transmiti-lo a todos nós. Dá para sentir essa atitude traspassada em nossos poros, apesar de que, repito, ele sempre está à nossa frente."

Tive que sorrir, porque alguns dias antes, quando falava com Amancio sobre a contratação de Isla, suas palavras foram "uma bênção de Deus". Disse que estava encantado com a figura dele e o via como "um de nós". Desde o primeiro dia, Pablo Isla vem demonstrando o mesmo interesse ávido tanto pela nova loja de Seul ou a melhor de Milão, na Vittorio Emmanuelle, ou a fantástica loja em Salamanca – uma obra de arte – como pelo armazém ou pela oficina numa pequena vila da Galícia, onde peças especiais são finalizadas por uma das fábricas. Além disso, já conhecia muitos dos empregados pelo nome e se interessava pela vida deles.

O próprio Pablo me explica, sem qualquer vaidade, como assumiu seu papel de executivo de ponta nessa empresa que ele já conhecia e admirava de longa data. Para fazer um processo de imersão profunda na essência, no cerne da companhia, dedicou muitas horas para procurar se familiarizar com os dados financeiros, os balanços, as contas etc. Mas não foi só isso. Acrescenta que queria descobrir de que eram feitas as batidas do coração da empresa, "porque, do meu ponto de vista, se não souber esse tipo de coisa, não tem como projetar um futuro para um negócio. Existem dois aspectos, ambos fundamentais: o produto e a loja".

É inspirador ver o quanto ele aprendeu sobre moda em tão pouco tempo. "Desde o começo, observei os verdadeiros mestres que temos na casa; procurei ficar bem próximo dos departamentos comercial e de produção. Escutando e observando."

"Mas como consegue gerenciar quase quatro mil lojas?", pergunto. "Uma área a qual se deve dedicar muito esforço e energia é a do processo de análise da expansão, porque é ali que reside o futuro. E deve ser combinada com a consolidação do que já foi construído: atenção aos clientes e sistema operacional das lojas. Lá é o coração da Zara, assim como o das outras redes." Nesse sentido – como já pudemos constatar pelos outros entrevistados deste livro – os gerentes de loja cumprem uma função muito importante: "Os gerentes são como diretores gerais; é uma função muito bonita. Uma loja grande é um negócio por si só. Imagine: algumas dessas lojas possuem mais de cem funcionários!"

Pergunto a ele sobre a organização da loja do ponto de vista dos recursos humanos. "Dentro de uma loja existem oito figuras essenciais: o gerente e o subgerente em cada uma das três seções, o caixa central e a pessoa responsável pela coordenação das peças. É vital que eles alcancem esses cargos por promoção interna, algo que acontece em quase 100% das novas inaugurações. Em alguns países, isso não é viável, por causa do ritmo em que a empresa vem crescendo, mas se esse for o caso, exige-se um longo período de formação na loja. Os gerentes são quase sempre nativos.

"Quando uma loja é inaugurada e posta em funcionamento, um grupo de apoio fica sempre a postos por um período que pode variar entre uma semana a três meses, dependendo da localização e das circunstâncias que afetam a loja. Todos são informados sobre o que a loja precisa. Por exemplo, um relatório interno que abrange todas as inaugurações é esboçado e tal relatório vai para os diretores na Europa, Ásia ou América, ao diretor da marca e para mim. Nele, há as primeiras impressões sobre como as vendas estão se desenrolando, uma análise sobre o acabamento das lojas e se aquelas oito figuras-chave que mencionei antes foram promovidas por promoção interna ou não, qual treinamento elas tiveram e quais espécies de equipes de apoio foram designadas para lá."

Achei interessante conferir a visão de Isla sobre o que conversei, em outra ocasião, com Amancio sobre os tipos de vestuário que são enviados, dependendo da cidade ou país de destino. Pablo me contou que "nós não produzimos roupas diferentes para cada cidade, mas não há dúvida de que uma loja na rua Velázquez em Madri é bem diferente de alguma numa cidade de médio porte. As mudanças surgem por meio dos pedidos enviados por cada gerente, que são canalizados por intermédio de *softwares* bastante avançados. É uma combinação de intuição, o fator humano no reconhecimento do cliente e do mercado, e uma análise racional dos dados, com base na experiência acumulada".

Com relação ao surgimento de novas tecnologias, o vice-presidente é da opinião que, "como tudo que vemos em nossos lares, as lojas também sofreram uma revolução nas comunicações. Toda semana os diretores de loja recebem um vídeo da coleção e informações sobre as inovações por intermédio do que chamamos de Terminal de Gestão de Loja (TGT, na sigla em espanhol). Um pequeno computador instalado em todas as lojas que recebe as fotos de coordenação, descrições e fotografias de cada peça para que os pedidos possam ser feitos com conhecimento de causa".

Digo a Isla que me parece estranho que, em uma companhia como a Inditex, todos os grandes chefes sejam homens. "Depende do que quer dizer por 'grandes chefes', já que do nosso ponto de vista temos uma maioria de mulheres no cargo de gerentes de loja. A Zara Home, a Oysho e a Uterqüe são comandadas por mulheres. Contamos com mulheres também à frente da área de Logística e de Recursos Humanos, e metade das diretoras de fábrica são do sexo feminino. E, além das mulheres que gerenciam os pontos, a vasta maioria nos cargos superiores das lojas são do sexo feminino – mais de 80% dos cargos na Inditex são ocupados por mulheres. O *staff* das lojas é formado, majoritariamente, por mulheres, assim como acontece com o pessoal dos departamentos de *marketing* e *design*. E existem outros casos."

Falo com Pablo sobre um tema mais delicado: "A empresa sempre pagou bem?" "A filosofia e a meta", ele responde, "são recompensar adequadamente os esforços realizados. O plano é pagar melhor do que a média dentro do setor comercial. A Inditex, de fato, paga bem, além de bônus por vendas que devem ser levados em consideração. Mas acredito que mais importante do que isso é a ênfase que dedicamos à promoção interna, às oportunidades individuais que existem para crescer junto com a empresa.

"Qualquer um que esteja disposto a trabalhar, que comece por volta dos vinte anos como vendedor, se gostar do ofício e trabalhar bem, em três ou quatro anos pode chegar a número dois ou mesmo gerente de uma loja, um trabalho divertido e gratificante para qualquer um que goste de lidar com clientes. Pode vir até a galgar um cargo de maior importância no quadro da empresa.

"Nos novos países, como a Rússia ou a China, onde o crescimento tem acelerado, estamos trabalhando para organizar as coisas da mesma maneira. É algo que comprovo nas visitas que faço a essas áreas de expansão, seja em lugares que já temos lojas ou naqueles em que pretendemos abrir alguma. Por exemplo, há não muito tempo, abrimos uma loja na cidade chinesa de Hangzhou, que tem uma população de mais de seis milhões de pessoas. A diretora era proveniente de uma das nossas dependências em Xangai e a loja era composta por trinta e cinco empregados. Em uma das conversas com a diretora, perguntei a ela quantos deles seriam capazes de assumir um cargo de responsabilidade quando abríssemos mais lojas no futuro. Sua resposta foi rápida e contundente: 'Os trinta e cinco'. Claro que, para isso se tornar uma realidade, é preciso incentivar os treinamentos e proporcionar os recursos. É fundamental que sejamos capazes de transmitir nosso ideal e nossa cultura a cada país."

Peço que explique melhor em que consiste essa cultura. "Tem muito a ver com espírito empreendedor. Quando alguém recebe uma tarefa, deve-se assumir a responsabilidade imediatamente e lidar com ela como se fosse sua, esteja relacionada com a loja, com transporte ou com qualquer outra área do negócio. É uma cultura de insatisfação permanente, de autocrítica. A filosofia da empresa é a de sempre melhorar e se superar. Damos muita liberdade na gestão e somos recompensados com bons resultados; o saldo global é muito positivo. Os traços mais característicos são a atitude exigente e a ausência de conformismo."

"Foi Ortega quem transmitiu esse espírito?", pergunto a Pablo, ao que me responde: "A empresa foi feita por Ortega de cima a baixo, à sua imagem e semelhança. Assim o é, não há dúvida. Porém, ao mesmo tempo, ele próprio seguiu esses passos para que todos se superassem, desde o nível mais alto da cadeia produtiva. Não estou falando só de mim, mas também de outras áreas pelas quais Ortega tem um carinho todo especial: a gestão comercial da Zara Woman, por exemplo. Sempre fez questão de conhecer cada detalhe e treinou muita gente.

"Isto também não significa que deixou de lado seu envolvimento. Você o conhece bem – continua sendo incrivelmente ativo, sabendo que as coisas estão organizadas o bastante para que não exista dúvidas sobre o que acontecerá no futuro. Por isso que todos o respeitam tanto. Bem, por isso e por outros milhares de motivos. Ele está muito acima da média, e o resultado é que todos são capazes de destacar três aspectos principais: sua generosidade, seu grande talento e sua visão da empresa.

"O mito de que ele é um tipo de gênio foi desmentido. Ele é muito mais que isso: é um estrategista brilhante. Sua paixão por arquitetura e coordenação de espaços é impressionante, um dom especial."

Lembro Pablo que, como o próprio Amancio reconhece, ele não possui formação alguma. "Talvez não tenha formação acadêmica, mas posso garantir que possui um treinamento natural que é superior a qualquer outro, do ponto de vista gerencial. Está sempre alerta; opera muito além da intuição e do senso comum. Sua formação foi autodidata, em decorrência da inquietude que sempre teve."

Tento descobrir se Pablo o vê como uma pessoa acessível, tal como muitos que trabalharam com ele o descreveram. "Sua proximidade com as pessoas é impressionante: as pessoas o adoram em resposta ao que ele fez. É extraordinário ver como ele combina firmeza e pressão com respeito por todo mundo, dia após dia."

Também quero saber como ele consegue manter esse espírito. Será suficiente para ele ter se tornado uma referência no mundo empresarial do século

XXI? Para o vice-presidente da Inditex, "como já vimos, um aspecto básico é jamais esquecer dos sinais distintivos da empresa: frescor, espírito empreendedor, flexibilidade e autocrítica. Para tornar-se uma referência, é preciso trabalhar todos os dias, dia após dia, como se esse dia fosse o primeiro. Concordo que temos uma base sólida; estamos presentes agora em oitenta países, com sete cadeias muito fortes e mais uma que está ganhando espaço e pela qual temos um carinho todo especial, a Uterqüe. Desenvolvemos um importante plano de investimentos em logística que nos permitirá antever quanto a empresa irá crescer nos próximos cinco anos, e continuaremos atualizando esse plano diariamente. Também definimos nitidamente quais são as prioridades para um crescimento a médio prazo: consolidação na Europa, já que, atualmente, concentra 80% das nossas vendas, principalmente no Leste Europeu, na Rússia e na Ásia banhada pelo Pacífico. Estamos profundamente envolvidos com nossa presença na China, Coreia e Japão, assim como no Sudeste Asiático. Isto ocorreu porque ficamos plenamente convencidos do potencial daquela região. É incrível ver que uma cidade como Xangai pode mudar drasticamente sua aparência em poucos meses. Nessa região do planeta, muita coisa tem acontecido; eles são os verdadeiros protagonistas deste período histórico, e uma empresa como a Inditex precisa estar envolvida nessa aventura.

"Por fim, mas ainda nesse aspecto de valores que definem a empresa rumo ao século XXI, colocamos a Responsabilidade Social Corporativa e as questões ambientais como fatores estratégicos indissolúveis da companhia. Todas as nossas atividades, sejam grandiosas ou pequenas, devem expressar esses valores. Lembro que quando aprovamos o Plano Estratégico para o Meio Ambiente de 2007-2010 analisamos todos os grandes valores monetários do consumo: fórmulas de redução de energia, variáveis cruciais que afetavam a empresa etc. Disse ao diretor ambiental que não deveríamos nos concentrar apenas nos grandes números, mas também era preciso ficarmos atentos à formação interna, inclusive nas pequenas coisas, como apagar as luzes quando saíssemos do escritório ou lembrar de fechar as torneiras. E perguntei: 'por exemplo, será que esses cartões de presente são ecológicos?' Bem, a partir daquele instante substituímos o PVC dos cartões pela polilactida, um polímero ecológico que é mais biodegradável."

Durante uma de minhas conversas finais, tanto com o presidente quanto com o vice-presidente, falamos de alguns projetos ambiciosos para o desenvolvimento da Inditex nos países asiáticos, na Rússia e no Oriente Médio. Aproveitei, então, para perguntar a Amancio se isso os obrigaria a deixar um pouco de lado a expansão na Europa. Considerando que por muito tempo sempre entendi que era a mão de Amancio que conduzia o barco, fiquei bastante emocionada com a resposta dele: "Faremos o que Pablo disser. Ele decidirá. E eu certamente o apoiarei".

Como despedida, depois dessa declaração ainda reverberando em meus ouvidos, repetirei as palavras que ouvi tantas vezes dos lábios desse homem genial: "Esta empresa é uma joia rara!"

12. INDITEX: UM MODELO EMPRESARIAL

Pilar Trucios

DESDE OS PRIMÓRDIOS DA GOA, Amancio Ortega tinha uma única obsessão: dar aos clientes o que quisessem, com rapidez suficiente para satisfazer suas demandas e a um preço bastante atraente para aumentar a frequência das compras. Até então, o comércio têxtil seguia um caminho completamente diferente: as coleções eram planejadas e desenhadas com mais de um ano de antecedência; os produtos eram fabricados durante um período de três meses e, em seguida, entregues aos distribuidores, que tinham o trabalho de enviá-los às lojas uma ou duas vezes durante uma estação. Esse processo envolvia três riscos principais: um grande acúmulo de peças em estoque, investimento em coleções que poderiam não obter nenhum sucesso no mercado e preços pouco competitivos, devido às margens que oneravam cada passo da cadeia.

Ortega viu logo no início uma clara distância entre a produção, que era muito longa e pouco dinâmica, e o consumidor final, a figura principal de todo esse processo, a quem se dava pouca ou nenhuma atenção. A intenção do fundador da Inditex foi, primeiramente, integrar o desenho e a fabricação, para completar, depois, a cadeia com a distribuição e a venda em lojas próprias. Dessa forma, o cliente se tornaria uma fonte de informação privilegiada, em vez de um mero receptor de mercadorias. Ele estava interessado no que o cliente estava pedindo e estava disposto a adaptar todo o processo de produção para satisfazer essa demanda. Estava convencido de que, se pudesse completar o ciclo, poderia reduzir suas margens entre 70 e 80%, o que surtiria um efeito óbvio no preço de venda para o consumidor final. Só pelo fato de fabricar segundo a demanda, evitando assim os estoques desnecessários, as margens cairiam entre 30 e 40%.

O sucesso da Zara, o coração do negócio da Inditex, é baseado em dar ao consumidor o que ele quer num setor em que é muito difícil se destacar, dada tamanha competição. O que isso significa, em termos reais, é que ele ofereceu moda continuamente renovada e a preços acessíveis, com uma imagem de primeira, em locais privilegiados. Tudo associado a mensagens publicitárias não explícitas, como "Não se preocupe; se não gostar, devolveremos seu dinheiro", ou "Sinta, experimente, passeie por aí, relaxe", ou simplesmente "Aqui você é a rainha da loja". No ambiente atraente da Zara, você pode tocar tudo, ouvir uma música agradável e ser atendida por vendedoras jovens e na moda. Exatamente o contrário do que era o habitual nas cadeias e lojas tradicionais.

O processo integral que define o modelo empresarial da Zara, estudado pelas maiores escolas de negócios do mundo, entre elas Harvard e Stanford, baseia-se no dinamismo contínuo de uma organização que gira em torno das exigências feitas pela "cliente rainha". No caso específico da Zara, o grupo é capaz de levar uma peça nova até uma loja em qualquer parte do mundo num período máximo de duas a três semanas, apesar de isso não acontecer com as outras cadeias da Inditex, pois operam com fornecedores externos. De qualquer maneira, com novas linhas de produtos e a intensa expansão geográfica dos últimos anos, a Zara conseguiu globalizar a moda e minimizar os riscos, aumentando o seu público-alvo. É um modelo único graças à habilidade de distribuir a mesma coleção a todas as suas lojas espalhadas pelos cinco continentes, que possuem culturas completamente díspares. A publicidade não teve nada a ver com isso. O principal apelo da Zara é a localização de seus pontos, a maioria deles estabelecida em ruas conhecidas de grandes cidades.

Embora os analistas expressem diferentes pontos de vista quanto à questão da diversificação da marca, possuir várias cadeias permitiu uma maior estabilidade nos resultados. Não colocar todos os ovos numa mesma cesta parece ter sido uma boa estratégia.

Nos mercados muito maduros, como Espanha e Portugal, parece complicado agora exigir muito mais das lojas, portanto, o crescimento está se concentrando em âmbito internacional, especificamente por meio da expansão no Leste Europeu e na região da Ásia banhada pelo Pacífico. A Espanha, com uma população de quarenta e cinco milhões de pessoas e uma renda per capita de 27.914 euros, tem mais de mil e trezentas lojas da Inditex, enquanto a Alemanha possui apenas cem lojas, com uma população de oitenta milhões e uma renda maior do que a da Espanha.

O processo de integração

Desenho e padronização

O primeiro passo do processo começa com a identificação das tendências. Existem três maneiras de idealizar uma roupa:

- O primeiro método é limitado e consiste em um pequeno escritório em Barcelona, onde os estilistas permanecem "antenados" no que acontece no mundo da moda, para que possam responder com maior rapidez. Os membros dessa equipe viajam ao Japão ou a qualquer lugar do mundo, onde podem observar o que as pessoas estão vestindo e como os consumidores estão se vestindo nas ruas. Isto, então, será convertido em modelos, para as várias coleções que serão expostas nas vitrines de Arteixo. Que fique bem claro que isso é feito em pequena escala, pois os estilistas preferem outros modos.
- O segundo método é angariar informação, visitando lojas, para saber o que tem interessado aos consumidores. Os estilistas viajam a Nova York, Paris, Londres, Milão ou Tóquio para absorverem as tendências das capitais mundiais da moda. Observam as linhas dominantes, cores e materiais que estão sendo usados, e depois procuram descobrir o que tem sido feito com esses elementos.
- A terceira forma de inspiração é um tipo de "vale tudo": por meio de revistas, coleções apresentadas nos desfiles de moda, uma blusa vestida por alguma apresentadora de televisão, uma saia vista em alguma atriz na cerimônia do Oscar em Hollywood etc.

Um método de obter informações menos sistematizado, mas não menos importante, também é utilizado. São os dados que chegam das próprias lojas da Zara, fornecidos com satisfação pelas gerentes que, por exemplo, ligam para comunicar o comentário de uma cliente assídua que veio à loja vestindo algo que comprou no exterior. Existe uma poderosa fonte de informação que interliga as lojas e o escritório central, embora isso seja complementado pelos sistemas mais formais, que ajudam a detectar as reais demandas das clientes.

Com toda a informação coletada, os estilistas fazem seus esboços e protótipos, os quais são desenvolvidos lado a lado com os modelistas (são mais de vinte e duas mil peças de roupa por ano). Os protótipos são testados em pessoas reais, em manequins e, no caso das crianças, com fraldas protetoras. Uma vez concluídos, são apresentados aos colegas, fornecedores e clientes. Por isso não é incomum, nas instalações de Arteixo, deparar-se com alguns funcionários opinando sobre uma coleção que foi provada e ver o *designer* defendendo sua tese, explicando em que se baseou e porque acredita que a peça tem potencial de venda.

As roupas aprovadas são enviadas aos modelistas, que utilizam o *software* CAD para criar os padrões. Os moldes são dispostos sobre o tecido, como se fosse um quebra-cabeças, para ele ser aproveitado da melhor maneira possível. Então, o tecido é mandado para a fábrica, onde será cortado, e as peças serão costuradas nas oficinas externas.

Quando a área comercial dá seu aval a alguma peça, pede-se orçamentos a diversas fábricas, que passam seus custos e prazos de entrega, depois de examinarem as roupas em parceria com as oficinas. A fábrica que tiver o orçamento que mais se aproximar do estimado, ficará encarregada pela produção.

Fornecedores

Se houvesse apenas um sucesso que pudesse ser atribuído a Amancio Ortega desde o início da Zara, seria sua relação com os grupos de fornecedores que o abastecem com matérias-primas em La Coruña. Nos primeiros anos, em diversas ocasiões, fez a lenta viagem de trem a Barcelona com seu irmão Antonio para convencer os fornecedores sobre o projeto que estava desenvolvendo. O jogo virou completamente, e hoje a central da Inditex recebe diariamente ofertas de dezenas de fornecedores dispostos a fazer o que for preciso para trabalhar com a gigante têxtil. Muitos países fornecem matérias-primas ao grupo, usadas na produção e criação de coleções.

Os responsáveis pela área de compras da Inditex solicitam 65% de sua matéria-prima com antecedência por meio da Conditel, a empresa do grupo em

Barcelona especializada em fabricação de tecidos. Eles já sabem mais ou menos o que será solicitado – camurça, veludo, algodão etc., e pedem em larga escala para não haver problemas de estoque no início da campanha. Os outros 35% serão requisitados posteriormente, assim que a coleção for decidida. A cadeia de produção termina no tingimento do tecido, que é feito por outras empresas do grupo.

A Zara delega a confecção de peças básicas – aquelas que nunca saem de moda – aos fornecedores externos. Geralmente, elas já chegam prontas, embora os especialistas da própria Zara façam uma inspeção meticulosa. Se há uma coisa em que a Inditex possui grande vantagem é em sua capacidade de negociação, não só nas lojas, mas também com relação às matérias-primas e roupas finalizadas. Isso faz com que exista uma grande rotatividade entre os fornecedores, porque as exigências são muito altas no que diz respeito a preço, qualidade e rapidez.

A Inditex atua de várias formas quando se trata de roupas que não são feitas na Galícia e arredores. Às vezes, o tecido e os desenhos são mandados e a peça finalizada é recolhida; em outras situações, o *design* e as especificações da peça são enviados para ser confeccionada e a Inditex poder comprá-la de um fornecedor, frequentemente na Ásia, já que os custos são mais competitivos lá.

Produção eficiente

Com o molde e a matéria-prima em mãos, as fábricas de Arteixo e as oficinas externas na Galícia e em países vizinhos produzem as roupas. Elas são catalogadas e, com o uso de um PDA, os responsáveis pelas lojas podem ver o que está disponível para fazerem seus pedidos. Se foram produzidas vinte mil unidades, mas houve menos pedidos, não tem problema. Se foi pedido mais, um operador ajusta os pedidos de acordo com o estoque existente. Se um item tiver grande aceitação, outra linha de produção é feita e mais peças são enviadas às lojas, embora nem sempre isto ocorra. Se for uma coleção "arriscada", porque foi lançada antes da época ou foi afetada pelo clima, por exemplo, a loja a mantém no estoque. As roupas que não são vendidas, são destruídas após certo tempo ou, de acordo com fontes não oficiais, são enviadas sem a etiqueta a pequenos comércios em outros países (França e América Latina).

As fábricas em Arteixo dedicadas exclusivamente à "fast fashion" – produção rápida e contínua de peças – não têm crescido, apesar de o negócio ter triplicado nos últimos anos. A principal razão é o aumento dos custos empregatícios, que fez o trabalho ser executado em países próximos, como Portugal e Marrocos. Todos os dias, as fábricas enviam às pequenas oficinas os tecidos acompanhados dos acessórios, para que as peças sejam concluídas. Apesar de o custo por unidade ficar maior do que na Ásia, isso permite que a Inditex consiga garantir uma entrega eficiente ao mundo todo. Caso a distribuição para todas os pontos se tornar impossível, as peças são enviadas apenas às quinhentas maiores lojas. A produção é organizada em função do ritmo estipulado pelo setor de *marketing*, gestor de toda a informação que chega das lojas.

Grande parte das oficinas trabalha exclusivamente para a Inditex, com margens bem estritas. Porém, devido ao alto volume, isso compensa para a maioria delas. Nos últimos dez anos, principalmente desde a criação do departamento de Responsabilidade Social Corporativa, algumas oficinas fecharam por iniciativa do grupo ou porque não conseguiram crescer e lidar com a pressão dos custos. Em 2003, por exemplo, o grupo galego teve que fechar duzentas das mil e setecentas oficinas com a qual trabalhava, devido às suas falhas em atender os requerimentos do código de conduta da empresa.

Logística e distribuição

Antes do início da temporada, a Inditex geralmente produz 25% de sua coleção. Isto lhes dá uma vantagem competitiva em comparação ao sistema têxtil tradicional, já que diminui custos com estoque e evita o risco de as roupas não atenderem o gosto do consumidor. Mas também existe um desafio, porque é fundamental que a distribuição para as lojas flua perfeitamente.

A logística é parte fundamental do ciclo do processo de integração vertical do grupo galego. O controle de estoque em suas lojas pelo mundo é tão importante quanto executar o *design* e a produção em pouco tempo. Por isso que a Inditex investiu tempo, esforço e muito dinheiro em estabelecer centros logísticos equipados com a mais alta tecnologia em La Coruña, Zaragoza e Madri. A Inditex também possui um centro de devolução em León, onde as peças chegam para serem retiradas ou despachadas para outras lojas. Outras cadeias, que não funcionam exatamente no mesmo sistema da Zara, possuem seus próprios centros logísticos. O meio de transporte mais utilizado é o rodoviário. Quase tudo é transportado por caminhões, exceto pedidos feitos nos EUA e na América Latina, que são enviados por avião. As lojas na Ásia são supridas por transporte marítimo, o que aumenta o prazo de entrega.

Lojas

As lojas são o último e o primeiro elo no sistema de integração vertical, pois é o consumidor que recebe a mercadoria e é ele mesmo que dita o que o grupo produz. O responsável pela loja tem pleno controle de seu território, seja grande ou pequeno, com dez ou cento e vinte empregados. Muitos deles atuam como CEOs, e seus salários ficam na ordem de 240.000 euros brutos anuais. São eles que ficam encarregados pelos pedidos do catálogo e mantêm o escritório central informado sobre o que funciona ou não. Eles também organizam a loja, embora o façam de acordo com regras gerais previamente estabelecidas. Essas regras gerais são seguidas à risca: a mesma vitrine, a mesma distribuição, os mesmos métodos etc.

As lojas pedem para as fábricas de acordo com sua preferência, e a mercadoria chega no menor tempo possível. O estoque é mantido por um mês, ou duas semanas na alta temporada. É estimado que, de cada dez pessoas que entram numa loja, três farão uma compra. A Inditex deixou em seus clientes a impressão de que aquilo que estão vendo num dia não estará mais no próximo, e o que não está lá hoje pode chegar amanhã.

Na Inditex nada é feito por acaso. Nas lojas, tudo é preestabelecido: desde a música e a disposição dos móveis até as balas no balcão do caixa. Tudo é feito sob medida para aquele ponto de venda, com a meta de maximizar o número de vendedoras disponíveis por consumidor, já que esse é o principal fator no resultado final.

Riscos e vantagens do sistema

O principal desafio da empresa atualmente é manter a agilidade, mesmo estando em crescimento exponencial, porque é isso que proporciona sua capacidade de distribuição e excelentes retornos financeiros. Qualquer *shopping* que abre no mundo, independente do país, oferece os melhores locais ao grupo Inditex, pois sabe que lá será uma "loja âncora". Isto reduz os custos consideravelmente, graças ao seu grande poder de negociação. Conseguem ocupar as melhores lojas e ainda pedem que sejam feitas obras de melhoria.

À medida que expande geograficamente e otimiza os custos, a Inditex se beneficia de economias de escala significativas. Além de tudo, o sistema multimarca proporciona poderosas sinergias. Comparado à GAP ou à H&M, suas principais concorrentes, seu modelo de negócio oferece um alto grau de integração vertical.

Embora o sistema tenha funcionado com muito êxito para a Inditex, não está isento de riscos. Identificar as preferências do consumidor é a chave para esse modelo. É muito importante manter um bom nível de inovação e uma produção eficiente, já que as demandas vêm crescendo devido aos constantes aumentos nos custos de mão de obra.

Outro grave problema que a Inditex tem conseguido driblar em sua expansão internacional é a entrada em alguns países tomados por conflitos. Na maioria dos casos, insere-se por meio de outros sócios, *joint ventures* ou franquias, embora, uma vez que o negócio esteja em vigor, normalmente assume a maioria da sociedade.

POSFÁCIO

"Nunca pensei em escrever este livro." Foi a primeira frase que escrevi no dia em que me sentei na frente do computador para recontar uma série de experiências e memórias sobre a pessoa única que é Amancio Ortega.

Hoje, ao pôr um ponto final a essa jornada, vejo-me repetindo a mesma ideia com enorme satisfação, porque, apesar das inúmeras barreiras que fui forçada a transpor, consegui concluir o projeto. E, conforme essa aventura chega ao fim, penso num detalhe importante: se não foi somente um impulso intelectual que me levou a escrever este livro, então deve ter sido meu coração que, de fato, quase com um senso de dever e justiça, não me deixou descansar até que eu tivesse ganhado o consentimento do personagem principal. Tive muita sorte em deixar para trás uma série de obstáculos nada fáceis de serem superados durante o período que passei compilando o máximo possível de informações sobre esse empresário!

Grande parte do que está contido nestas páginas veio do próprio Amancio, em muitas horas de conversa; e boa parte, de grande valor, veio daqueles que o conhecem e que ajudaram na criação da Inditex.

Quando as pessoas me perguntam se tive muita dificuldade e como consegui chegar ao fim deste trabalho, acabo respondendo à galega – nesta vida tudo é contagioso, menos a beleza! – com um "depende de como você encarar". Certamente, não foi algo que se consideraria fácil, mas, ao mesmo tempo, tenho que admitir que a conquista dessa fortaleza, aparentemente impenetrável, gerou em mim uma forte ambição durante uns bons anos. Até penso que, se eu tivesse falhado, não teria forças para uma segunda tentativa – mas já acabou!

Vejo-me genuinamente empolgada por esse pensamento e espero que os leitores gostem de ler este livro tanto quanto eu gostei de escrevê-lo.

Uma vez publicado, chegará outra etapa divertida; terei que responder a perguntas do tipo: "Não tem mais nada na carreira desse conquistador?", "Será possível que tudo foi tão fácil como parece?", "É só isso?", "Tem certeza de que não está escondendo nada?". Minha resposta àqueles que já fizeram esse tipo de comentário cético ou crítico antes mesmo de ler o livro é implorar, com toda a sinceridade do mundo: "Se tiver algo mais a acrescentar, por favor, conte-me que eu escreverei". Também já expliquei a eles que, se tivessem *mesmo* algo de relevante sobre Ortega, já deveriam ter escrito um livro sobre ele há anos. O fato é que diversos boatos e histórias circularam, e todos desapareceram sob a luz da realidade. A verdade não é complicada: esse "homem misterioso" só não gosta de entrevistas e defende sua privacidade com unhas e dentes incansavelmente, não deixando a menor brecha para aqueles que o assediam há muitos anos penetrarem essa barreira quase intransponível.

Fui muito sortuda de poder passar tanto tempo conversando com esse homem; falar com ele sobre os temas mais variados; de ganhar sua confiança. Finalmente, fui capaz de convencê-lo do fato de que era importante para *ele* que as tantas pessoas que o admiravam (ou, aquelas, que tinham preconceito contra ele, porque tem de tudo neste mundo) deveriam saber a verdade sobre ele e sua carreira. Disse logo no início deste livro, e jamais vou me cansar de repetir: não há palavras para expressar minha gratidão pelo privilégio dessa aproximação e pelas confidências que a mim ele confiou, porque elas aconteceram em decorrência das várias oportunidades que tive, de conversar com Amancio Ortega.

Quero também deixar claro que este livro não é uma biografia nem uma entrevista demasiado longa, mas um tipo de fotografia escrita (ele ainda se recusa veementemente a ser fotografado!) ou, talvez, um retrato de um gênio feito com pinceladas esparsas e unidas pelo fio condutor de sua existência diária e de sua fantástica companhia, desenhado e desenvolvido por um ser único que, apesar de tudo que se espera de alguém em seu patamar, permanece absolutamente simples, acessível e *normal*. Ele próprio diz que é só mais um na equipe. E, de certa forma, isso é verdade. Mas aqueles que o conhecem rejeitam isso e declaram que ele é único, de milhares maneiras diferentes – por sua inteligência, sua capacidade de trabalho, sua habilidade de incentivar os outros a trabalhar e sua percepção para os negócios, mas, acima de tudo, falam de sua humanidade, generosidade, humildade e o assombro que gera naqueles que comprovam que seu sucesso não lhe subiu à cabeça.

Sempre gostei de acreditar e repito aqui: a simplicidade é o dom dos gênios. Gostaria de pensar que, de alguma maneira, este meu livro possa vir a ser um testemunho dessa afirmação.

Se quiser falar comigo, escreva para:
covadonga.oshea@gmail.com